経営という冒険を楽しもう2

カナディアンロッキーの奇跡

「HERO'S CLUB」主宰
仲村恵子

はじめに

地球に生まれたからには一度は立ちたい場所がある

経営という冒険を楽しんでいますか⁉

経営者になるとき、また先代から事業を受け継いだとき、どんな思いでスタートしたでしょうか？　それぞれに不安や恐れはあったかもしれませんが、それをはるかに超える覚悟と、大きな志を胸に希望に溢れて船出したのではないでしょうか。

経営という大冒険に乗り出せば、数々の試練が訪れるだろうと想像していても、実際は挑戦してみないと、なにが起こるのかわからないものです。そして、それぞれにぴったりのタイミングで、挑戦者には試練が用意されているようです。

私たちヒーローズクラブの経営者仲間は思いもよらない試練が訪れた時、それを成長のチャンスと捉え、神様に「まる」を貰えるような行動を選択しようと挑戦しています。お金の事、家族や社員との人間関係などなど、どうすればいいんだろうと、ほとほと困るからこそ真剣に解決策を探すのです。

さらに二〇二〇年からのコロナ騒動では、分断・孤立・偏った情報操作にコントロールされ、行動すら制限されるような時代ですから、益々経営者の智恵が問われます。

ではこの経営という大冒険の試練を、クリアする方法があるのでしょうか？

実はとてもシンプルに、その方法は存在するのです。ですからどの業種業態であっても、同じプロセスで成功していきます。

信じられないかもしれませんが、ワールドユーで学ぶ経営者たちは、コロナ禍でも見事にドンドン試練をクリアし業績を上げています。益々明るく元気に志の高い魅力的なチームになり、人生と仕事を繁栄させています。ここで学ぶ経営者たちが、一番自分たちの変化に驚いているのかもしれません。

この経営という冒険をクリアする方法を、ワールドユーでは九つのステージにわけてサポートしています。今回はステージ1社長が自分の考え方をシフトし、ステージ2社員が同志になる物語です。

ちなみにステージ3は会社がワンチームになる物語です。ステージ3を超えたあたりから奇跡のような出逢いが起こり続けます。

まだまだ冒険は始まったばかりですが、冷たく暗かったエネルギーが、確実に温かく明るくなっていきます。そして誰でも、明るくて楽しい仲間と共に、より大きな志に向かって輝いて生きていけるのです。

もう損得の関係で付き合う経営から、魂がふるえ響きあう本物の仲間たちとの経営へシフトする新時代の到来なのです。

社員がそしてお客様が仲間になり、共に経営という冒険を始めた時、同じような志の仲間たちが自然と集まり、おのずと人生も仕事も楽しく繁栄していきます。

大丈夫です、もしあなたが今苦しんでいたとしても、必ず明るい未来を手にすることができます。

今回は「カナディアンロッキー」の登山研修に焦点を当てた、奇跡の物語になります。

私たちワールドユーアカデミーには、「地球で学ぶ、会社が魂の学校になる日」プロジェクトとして屋久島での内省内観や、ヒマラヤ、カナディアンロッキーなど大自然の中で学ぶプログラムが多くあります。

日常では触れることのできない圧倒的な大自然の中に身をおくことで、大きなエネルギーの変革と深い気づきがあるのです。詳しくはこの本を読んでみてください。

北米大陸西部を南北に縦断する巨大なロッキー山脈。地球に生まれたからには一度は立ちたい場所です。

一万年以上の時を経て高い純度で結晶した大氷原の上を、自分の足で踏みしめながら、一歩一歩に悠久の時を感じる。

そこから生まれる美しい氷河湖の数々は時に碧く、時に深いエメラルドの色に染まり、世界を映す鏡としても存在します。

巨大な岩壁を削り下る滝の力、地と海をつなぐ壮大な川の流れ。

山深い静寂さの中でチームと語り合う。

カナディアンロッキーの壮大なフィールドは、私たちの常識から遥かに高い世界へと一気に意識を高めてくれます。

今まで数多くのヒーローズクラブ（日本を元気にする為に会社という垣根を越えて助け合

う、戦友のようにワールドユーアカデミーで切磋琢磨する経営者仲間）のメンバーが、新しい自分を覚醒させたこのプログラムの中から、二社をこの本で紹介させていただきます。

自分の中に、深く居座っていた「不安」から解放され、温かい心の幸せと、本当の仲間を手に入れた物語。真のリーダーシップとは何か、そして社員全員が心を一つにして社会のために貢献する志経営とは何かに気づいた物語。

どうぞあなたも、カナディアンロッキーの大自然とともに体験してみてください。

「HERO'S CLUB」主宰
株式会社ワールドユーアカデミー　代表取締役　仲村恵子

経営という冒険を楽しもう　2　目次

カナディアンロッキーの奇跡

第2話　株式会社ＩＳＨＩＤＡ《イシダ》

幼少期から抱き続けた孤独と不安からの解放
仲間たちとの挑戦が生んだカナディアンロッキーの奇跡

第1話　アールアイ株式会社

自分自身の在り方やその人生を巡って、日本から果ては
カナディアンロッキーまでを冒険し奮闘した物語

後に「アールアイ株式会社」と社名変更することになる「東京アールアイ」は一九八〇年に東京で立ち上げられた。社名の『アールアイ』は、放射性同位元素を意味する“radioisotope”のスペルから取ったものであり、設立当初は放射線で地盤の硬度を計測する機器のリース業からスタートした。

一九八七年、大阪の会社が開発した画期的装置との出会いによって参入を始めた『吊り治具』（荷物を吊り上げる器具）事業は、二〇〇八年、創業者である父親が病に倒れたと同時に、二代目社長となる息子へと受け継がれる。当時はまだ誰もが踏み入ることのなかったその分野で、押しの強かった父親とは真逆の性格ながらも、息子もまたがむしゃらに働き、会社の地位を不動のものとした。

だが、高校生時代からまったく別の世界で目指していた本来の大きな夢をあきらめ、子供の頃から背負ってきた「二代目」という定めによってスタートしたその新たな生活で、やがて彼は日々虚無感に苛まれ始める。会社や自分の人生そのものに夢や希望を見いだせず、毎日が楽しくない。会社の業績自体は上向きな一方、自分や社員たちの志気は下降気味。

その一番の問題は自分と社員たちとの人間関係がしっくりいっていないことにあるように思われた。

社員たちとの間に何か深刻な軋轢や確執がある、という訳ではない。それ以前に、会社に人材が定着せず、残る者がほとんどいなかったからである。

「自分には、人を惹きつけ、引っ張っていく器量や度量がないのだ」と思い込み、さらに「経営者は孤独」という父親の生前の教えに基づき、こんなものなのだろうという諦めの中、それでも孤軍奮闘する男を尻目に事態は悪化するばかり。

「場を荒らさないことが会社の為」と自分に言い聞かせ、人離れを恐れる経営者が社員に苦言を呈すこともできないそんな状況の下、途方にくれてとった行動とは……。

その頃のアールアイの社内には、明らかに負のスパイラルが蔓延していた。

そんな男がある日、とあるきっかけによって人生の転機を迎えた。運命を左右する様々な出逢いに恵まれ、考え方や生き方を劇的に変化させていく。

彼をそこまで変えたものはなんであったのか。やがて知ることになるその問いへの答えは、本人の力だけでは永遠に見つけられかったであろう、心のずっと奥の方にあった。

第1話　アールアイ株式会社

これは、主人公である齋藤一博が、自分自身の在り方やその人生を巡って、日本から、果てはカナディアンロッキーまでを冒険し奮闘した勇壮な物語である。

第1章　齋藤社長は孤独がお好き

社員旅行で別行動

「あれ、またプジョーが消えたよ」

「どれどれ。ほんとだ、いない。いつからだろう。さっき右折した時からかな」

「かなぁ、って言うかさあ、はぐれたら連絡くれるとかすればいいのにね」

「うーん、そこは言わなくてもこっちが気づくべきなんじゃない」

「ええ。それってじゃあずっと誰かが後ろを見守っていなきゃいけないの」

十四人乗りのマイクロバスの最後部のシートに陣取った社員たちがまたざわつき始める。

齋藤一博が運転する後続車の姿が消えるのは、今日これで何度目だろう。

ざわめく声を聞いたドライバーはもはや、運転席の後ろに座る古参社員の大宅朝美からの指示を待つまでもなくハザードランプを出し、静かに車を道路の端に寄せた。

会社がある埼玉の戸田を早朝に出発して、そろそろ数時間が過ぎようとしている。

当の齋藤からは、もし自分の車がはぐれてもその内に追いつくから気にせず先に行ってほしい、と言われてはいた。だが、さすがにそう言う訳にもいかないだろうという大宅の判断のもと、たびたび消える齋藤の車をその都度みんなで待っているという訳だ。

計画を立てている段階から今日の旅行を楽しみにしていた社員たちの中には、早くも少し冷めた空気が漂い始めている。

（だから言ったのに）大宅は心の中でそう呟き、軽くため息をついた。

今日一行が向かっているのは、会社からでも数時間で行けるリゾート地である。好天にも恵まれ、出発時には、大宅を含む社員たちの気持ちも自然と弾んでいた。大宅は、現地までの交通手段としてマイクロバスをチャーターしていた。電車ではなく、社員の団欒を優先したからである。

ところがいざ出発するという今朝、緊急で入った仕事を終えて戻って来た齋藤から「今回自分は自家用車で参加する」と聞かされ、大宅は唖然とした。

学生時代の夏休み中の旅行であれば、数台で連なって、時には車同士がはぐれたり、高速道路のサービスエリアで合流したりの繰り返しもまた一興であり、旅の醍醐味と言えないこともないだろう。

しかし、仕事や社員のスケジュールを調整した中での社員旅行ともなれば、話は別である。実際社員の中には、会社の行事が休業日に催されることに若干の不満を持つ者がいなかった訳ではない。

そして何より、社員数が十人に満たない中小企業では、社員旅行の移動時間は、幹部と社員たちとがコミュニケーションを取る為の良い機会である。特に、普段会社にほとんどいない齋藤にとっては、社員たちと会話ができる絶好のチャンスなのだ。

そう考え今朝大宅は齋藤を説得してはみたのだが、結局別々の車で出発することになった。

齋藤の個人行動は今に始まったことではない。

それにしても、せっかく全員が余裕を持って乗れるマイクロバスを借りたのに、わざわざ別の車で行動するなんて、まったくもって不思議な人だわ、そう大宅は思った。

「あ、来た、来た、大宅さぁん、プジョー来ました」

先程までの会話の内容と、ややしらけかけたムードとは裏腹に、あっけらかんとした社員たちの明るい声と、プジョー独特のクラクションの音とを確認し、マイクロバスのドライバーは再び静かにアクセルを踏んだ。

齋藤はシャイで人見知り？

社員の入れ替わりの激しいこの会社の中で、入社してから勤続十年を超える大宅は、いまや最も古株メンバーである。さらに、入社時には自分自身でも予想もしなかったことではあるが、大宅は現在、幹部という立場にいる。当然、部長（この当時）である齋藤との付き合いも今日のメンバーの中では一番長く、お互いのことはある程度は分かり合っている間柄である。

バスの中ではしゃぐ社員たちの声をよそに、窓の外を流れる風景を見ながら、大宅は今日の齋藤の、半ば別行動の理由を自分なりに分析してみた。

一つ目は、齋藤がただ単に自分の車を出動させたいと思っている、ということ。創業者でもあった初代社長の息子として育った齋藤には、自分の物を他人に「見せびらかす」と言う概念はないのだろうが、足慣らしも兼ねて今回の旅行に自分の車を出動させたかった、百歩譲ってそう考えられないこともない。だがすぐに、これは主たる理由ではないだろう、と大宅は首を振った。

二つ目。今朝のように万が一の急な仕事が入った時に、齋藤一人でも途中で帰れるように。

これは充分納得のいく理由ではある。

そして三つ目。これはまだ、大宅の中でも確信が持てていないことではあるが、なぜこの会社に社員が長く居付かないか、という問いにつながることなのかも知れない、と大宅は考えていた。

「部長ってシャイなのかなあ」

「人見知りってこと」

ぼんやりと考え込んでいた大宅の耳に、不意に、車中の社員たちの遠慮のない言葉のやりとりが入ってきた。

人見知り。なるほど、そういう見方もあるんだ。大宅は運転席のバックミラーの中に見え隠れする、後部座席の社員たちの様子をちらりと見て苦笑いした。

齋藤と大宅との長い付き合いから見て、確かにシャイかも知れないけど人見知りというのとは少し違うかな、と思いながら、でも社員たちがそう思うのも仕方のないことかも、とも思った。

なにしろ、齋藤は普段まず大宅たち社員と顔を合わせない。早朝に一度出社し、大宅はもちろん、他の社員たちが出勤する頃には外回りに出発している。逆に夜は、他のみんなが退勤した後、夜の八時を過ぎて会社に戻ってくるという毎日である。

齋藤が、父親である先代の社長の手伝いとして会社に来た当初は、あまりの接触のなさに大宅もなんと呼んで良いか分からず、普通に、苗字で「齋藤さん」と呼んでいた。

その約二十年後、彼が社長になり「齋藤社長」と呼ぶようになった時期を経て、やがて親しみを込めて「カズちゃん」と呼ぶ時代が来るのだが、それはまたしばらく後の話だ。

バスの後方では、社員たちの齋藤に対するプロファイリングはまだ続いているようだった。

「もうちょっと会社にいてほしいよね。時々は話したいことだってあるし」

「いつも会社にいなくて私たちと会わないから気まずいのか、それとも気まずいから会わないようにしてるのか、どっちなんだろう」

「どっちにしても、それじゃあ私たち一生会えないじゃん」

確かにそうだわ、そう思いながら大宅は、今度は素直にくすりと笑ってしまった。

もしかしたら、齋藤は社員を信頼できず、心を開けていないのだろうか。

齋藤は、最近になってようやく少しずつではあるが、自分の考えや、思っていることを大宅に話してくれるようにはなった。だが、他の社員に対しては、普段外を飛び回っていることとも重なって、全くと言って良いほどコミュニケーションを図ろうとしていない、それどころか、むしろあえて避けているようにすら見える。

大宅の頭の中に先程の三つ目の理由が再び浮かび上がり、一つの答えとして繋がった。

齋藤は社員たちに興味を持っていないのかも知れないと気づいたのだ。そして大宅の頭に、いつか聞いたマザーテレサの言葉がよぎった。

「愛情の反対語は憎しみではなく無関心です」

さすがに齋藤が社員に興味を全く示さないとまでは思わないが、社内で誰かとコミュニケーションをとることを諦めてしまっているのではないだろうか。

「でも、無理もないか」

齋藤がこの状況に到達するまでにはそれなりの経緯があったのだ、ということを不意に思い出した大宅は小さくそう呟やき、視線を再び流れる車窓に戻した。

第2章　漫然と過ぎ行く日常

つらくもなければ楽しくもない

齋藤が社長を務めるアールアイ株式会社は現在、埼玉県川口市に四五〇坪ほどの敷地を有する中堅企業である。その敷地内の工場の一角、鰻の寝床のような細長い区画内に、長机をずらっと並べた事務所がある。入ると神棚、浅草鷲神社の熊手、早稲田の穴八幡のお札が目を引く少し古風な事務所内に、齋藤も社員たちもみな席を置いていた。

父親の齋藤功一が初代社長として立ち上げたこの会社で、息子である齋藤一博が仕事を手伝い始めた頃、世の中はバブル景気真只中という時代だった。

程なくしてやって来るバブルの崩壊による不況や、変革する時代の荒波に屈することなく見事に乗り切ったアールアイは、その後も安定して呼吸し続け、少しずつではあるがすくすく成長して来た。

そして、その父功一が亡くなる直前、奇しくもリーマンショックが起こった二〇〇八年、齋藤はアールアイの新社長として就任した。いわゆる、「創業二代目」と呼ばれる経営者である。


齋藤の会社が取り扱っているのは『吊り治具』という専門的な道具である。

吊り治具と聞いても誰しもがまず耳に馴染みがないだろうが、建設現場や工事現場で、作業用の荷物を吊り上げる際に使われる道具である。これを使うことで、建設や工事の作業を安全に、またその工程を短縮することが可能になる画期的な商品だ。

独占企業というと大袈裟ではあるが、今や関東地方、いや、日本中の高層ビルディングは全て、アールアイの吊り治具を使って建てられていると言っても過言ではない。

二〇一二年に完成した、東京の新しいランドマークであるスカイツリータワー施工の際も例にもれず、アールアイの吊り治具が大いに貢献した。

早くからこの吊り治具のレンタル事業に特化したこと、それによる知識や経験の豊富さが奏功し、齋藤はアールアイを、他社が真似することのできないニッチな企業に押し上げ、現在では毎年増収増益の業績を残すほどまでになった。

そして今や、業界きっての、右に出るものがない、どの賛辞にも恥じない立派な会社へと成長させたのである。

そんな明るい会社の現状とは裏腹に、齋藤の毎日は実に味気ないものだった。

父親から継いだ会社を潰さない為、資本投資の際の借入れを返す為、社員を守る為、家族を養う為、さまざまな理由付けをして、齋藤は父と同様、がむしゃらに働いて来た。だが言ってしまえばそれは結局「単に働いている」だけであって、齋藤には将来のビジョンも夢も何もなかった。

つらくもないが楽しくもない。業績が伸びて行けば喜ばしいはずなのに、自分の中で満足感や充足感に繫がらない。こんな鬱憤をため込んだまま、自分はこの先ずっと会社経営を続けていくのだろうか。

日々そんな思いにとらわれ、齋藤は人生に対する希望をおよそ失ってしまっていた。

そういった齋藤のネガティブな思いは胸中から漏れ出し、社員みんなの志気に影響を与えていたのかも知れない。

ふと我に返ってみれば、会社の空気も淀んでいるように感じられた。他の社員たちがいる時間には滅多に戻ることのない齋藤であったが、たまの早い時刻の帰社の時、社内のどんよりとした空気感は否めなかった。

齋藤だけではない。社員たちにも活力がなく、目が死んでいる。

ずいぶん昔から、そうだったのかもしれない。

齋藤が、ある時、近くのデスクに座っていた若い社員に声をかけた。

「悪いんだけど、この書類、処理を頼めるかな」

齋藤の言葉が終わった頃にゆっくりと顔を上げたその社員は、齋藤の手許の書類をけだるそうに覗き込んだ。

「えーっと、そっち方面、私の担当じゃないんですけど……」

「そっか。ごめん、じゃあ誰に頼めば良いだろう」

「すみません、ちょっと私にも分からないです」

「なるほど、わかった、ありがとう」

今の「ごめん」や「ありがとう」が一体何に対しての謝辞なのか、自分でも分からなかった。だがここで、それ以上その社員に何かを問うのは無駄なことだと齋藤は思った。

声を掛けられた社員も、事実を淡々と伝えただけで、悪意はもちろんのこと、他意もない。そして同時に熱意もなかった。

会社の昼休み、電話で仕事の段取りを確認しているところに、社員から「休み時間なんだから静かにしてください」と言われ、言い合いになったこともあった。

どうしても仕事が回らず、やむを得ず残業を頼んだ社員から、「俺、就業時間五時までなんでもう帰ります」と断られたこともある。

齋藤の社長就任と共に常務になった大宅にすら、週休二日から隔週の休みへの変更を打診したら「会長との約束と違う」と拒否された。

その頃にいた社員たちとの間で、こういったやりとりが幾度か繰り返される内に、齋藤の心は気づくか気づかないか位に少しずつ磨耗し、硬化していった。割り切れない、そして言葉では言い表せない何かが少しずつ齋藤の心の中に溜まっていって、それはもはや到底、自力では溶かすことができなくなっていた。

絆はなくとも会社は回る？

大口の契約が取れ、仕事に早目にキリがつきそうだったある日の夕方のことである。

「よし、たまには早く上がって、みんなで乾杯しに行くか」

珍しくそう声をかけた齋藤の言葉の後、事務所内に微妙な空気が流れた。

すると社員たちは、齋藤の言葉の余韻と視線とをくぐり抜けるかのようにペコペコと頭を下げながら、矢継ぎ早に自分たちの退勤後のスケジュールを告げて来た。

「あーっ、さっき歯医者の予約を入れちゃって」

「え、すみません、今日はちょっと友だちと約束が」

「私、溜まっている伝票の山を、今日中に片付けないといけないんですよね」

それぞれの理由は決して嘘ではなく、本当のことだったと思う。だが、さすがにいたたまれなくなった齋藤は、残る一人となった大宅と目が合うなり、「また今度にするか」とぎこちなく笑った。


齋藤は好奇心旺盛で、良さそうだと思ったことには何に対しても果敢にチャレンジする。元来穏やかな人柄で、真面目で責任感が強く、スポーツマンで頑張り屋。周囲の人間から好印象こそ持たれても、齋藤に取り立てて何か落ち度があるとは誰も思わないだろう。

だが、いざ会社のこととなると、今一つリーダーシップを発揮できない。イニシアチブを取れない。声をかけても周りに人が集まらない。社長、社員という垣根をなくそうと自分からはフレンドリーに歩み寄っているつもりだったが、いつもどこか空回りしている自分の姿を、もう一人の齋藤が客観的に見ていた。

それだけに、社員旅行や飲み会といった社内のイベントも、齋藤にとっては積極的に参加したいという気持ちになれるものではなかった。コミュニケーションがぎくしゃくしていると自覚し始めてからは、むしろできれば避けたかったというのが正直なところである。実際、齋藤は飲み会を敬遠し、大抵仕事にかこつけて遅れて参加していた。

ある年末の納会の会場となった店でのことだ。

「社長！　二次会カラオケっすよね！」

突然響いた明るい声のする方向に、齋藤は思わず目を向けた。

齋藤たちの近くの団体席で、ずっと賑やかに楽しげに飲んでいた十数人ほどのグループの宴会がお開きとなったようだ。

先程「社長」と呼ばれていた、齋藤と同年代くらいの男が、部下らしき若者たちに次の店をせがまれ、もみくちゃにされていた。

「お前ら、どいつもこいつも、まあったく調子がいいよなあ」

口の悪さとは裏腹に、男は相好を崩して自分の財布からカードを出し、一人の部下に差し出した。会計後、二次会のカラオケ店に向かったであろうその男と部下たちが、出て行った店の扉を、齋藤はしばらくの間じっと見つめていた。

羨ましくないと言えば、嘘であった。

会社の社員たちと、飲み会ではあんな風に文字通り無礼講で楽しんだり、時には仕事で腹を割ってぶつかり合ったりできたら、と齋藤も心に想い描いたことがなかった訳ではない。だが、そんな感情はとうの昔に、諦めと言う名前の箱に封印して、齋藤の中ではなかったものにしてしまっていた。

自分には周りを惹きつけ慕われるような器量も、俺についてこいと皆を引っ張っていけるような度量も備わってはいないのだと、齋藤はある種、諦観の境地に近づいていたのだ。具体的にどうすれば良いのかも分からないまま毎日が過ぎていくうちに、齋藤は次第に他の社員に何かを頼んだり、無理して距離を近づけようとしたりすることをしなくなっていった。何かを頼もう、歩み寄ろうと思った時、過去の社員たちとの一連のやりとりが脳裏に蘇り「いいや」と瞬時に思い直す。誰かを頼ってスムーズにいかないくらいなら、いっそ自分一人で動いた方が話は早いし、気持ちも下がらずに済む。コミュニケーションがうまく取れなくても会社は回って行く。

齋藤は自分にそう言い聞かせていた。

およそ二十年間、ことさら、父親の功一が他界してからの十数年間、齋藤は無意識の内に周りの人間たちを自分から遠ざけ、問題が起こっても誰にも相談せずに、自分だけで抱え込んだ。周りの誰かに言ってもどうせ分かってはもらえまい。結果齋藤は、朝から晩まで、一年三六五日、孤独なランナーとしてひた走り続けることになったのである。

1989年、シートを張っただけの簡素な会社から一博はスタートした

だが、齋藤の性格を根底で方向づけたものが一体何なのかをさらに詳しく知る為には、もう少し齋藤の人生を遡る必要があった。

第3章　他人を信じちゃいけないか？

閉ざされた夢への道

小さい頃から「自分のやりたいことをやれ」と言われて育ってきた齋藤であったが、中学まではこれといってやりたいものが見つからなかった。高校に入ったら自分を変える為に何か熱中するものを見つけたいとは思っていたのだが、結局父親の勧めで、齋藤は自転車競技の世界に入ることになる。

高校の自転車競技部の部活動自体は活発ではなかった為、毎年ほぼ全メンバーが全国大会に出場するほどの都内の強豪クラブチームを、齋藤はあえて選んだ。朝四時起きで毎日自転車漬けの日々。休みの日は奥多摩や山梨まで行き、ひたすら山中で自転車をこぎ続ける。チーム内で切磋琢磨して練習を重ねる日々を繰り返しながら、仲間と一緒に上を目指し、どんどん勝ち進めるようになったのがとにかく楽しくて、やがて齋藤はインターハイに出場するまでになっていた。

だが、地区大会ではいくらか名前を知られる様にはなったものの、やはり全国の高い壁は超えられないまま齋藤は高校を卒業する。それでも自転車競技への道を諦めきれず、手当たり次第にあちらこちらの門を叩き続け、齋藤は最終的に大阪のとある実業団に入ることとなった。

実業団では短距離選手だった齋藤であったが、同じチームの先輩がヨーロッパに行くことを知り、どうしても行きたいと思った。自転車競技の本場であるヨーロッパで自分も修行したい、と心から思ったのだ。

だが、事故はある日起こった。

それは、齋藤がついに国際大会のメンバーにも選ばれヨーロッパ遠征を考えていた、まさにこれからという時に参加したレース中のことだった。

ここで良い成績を残さないといけないという気負いもあったかも知れない。ハンドルを握る手にも、ペダルを回す足にも、全身に普段以上の力が入っていた。

あ。

そう思った時はすでに遅かった。

次の刹那、目の前の景色がぐるんと旋回し、齋藤は自分が出していた自転車のスピードの分だけ大きく吹っ飛ばされた。

齋藤が事故で負った腕の怪我は思ったよりもずっと重症で、その後、入院、手術の後に長いリハビリ生活を余儀なくされることとなった。

そう、あの日あの時あの場所でのレース中の事故は、図らずも齋藤のその後の人生のレールの分岐ポイントが、ガシャンと音を立てて切り替えられた瞬間だったのだ。そのレールの続く先が引き込み線なのか本線なのか、この時はまだ他の誰にも、齋藤自身にさえも分かるはずがなかった。

まさに"God only knows"だ。

仲間と共に上を目指した選手時代

先代社長は反面教師？

齋藤の父功一は、齋藤が幼い頃からほとんど家にいなかった。普段遊んでもらった記憶も、勉強を教えてもらったこともない。一緒にキャッチボールを楽しんだ経験もなければ、ましてやクリスマスのサンタ役をしてくれたこともない。夏休みの海への旅行の時ですら、功一は齋藤たち家族を目的地の海辺の町まで送り、自分だけ東京に戻って仕事をし、旅が終わる頃また迎えに来た。

功一には四人の子供がいて、長男である齋藤は、日頃周りからは二代目二代目と言われ続けていた。だが齋藤本人は会社を継ぐことにはほとんど興味を持っていなかったし、父親の功一からもそう言った話は一切されなかった。

アールアイの前身だった会社が倒産し、その再建の為に今まで以上に東奔西走していた功一が、仕事のことを初めて齋藤に話した時のことだ。会社を潰すと言うことが経営者にどれだけのダメージを与えることなのか、実感も危機感も湧かなかったその頃の齋藤は、父親の逆境を心配するでもなく、何らかの助けを申し出るでもなく、あろうことかヨーロッパでの自転車競技修行の為の費用を貸してほしいと頼んだ。

経済的にも、精神的にも、父親にとってそんな余裕は全くない時期であっただろう。だが、齋藤の望む道への助力を惜しまなかった父親は、そんな状況下でもヨーロッパ研修費用の援助を、ためらいもなく「わかった」と承諾したのであった。

後にこのことは、齋藤自身に大きく反省と後悔をさせることとなる。

その時の父親の苦境や苦悩を一切気遣うことができなかった自分が、どれだけボンボンで自分本位で甘い人間だったのか、その時父親がどんな気持ちでいたのか、今なら痛いほどよくわかる。

そしてそれは同時に、齋藤の心に、会社経営と言う責務を担い続けていくことの大変さ、大切さ、重大さを深く刻みつけることにもなった。

功一は、齋藤が長男だから、息子だからと言って会社を無理に継がせようという父親ではなかった。常々齋藤が周囲から「二代目」と言われていたものの、本人の意志にそぐわない人生のレールを敷くような事はしようとはしなかった。息子は息子で自分の行きたい道を進めば良い。そんな風に、功一は兼ねてから自分に言い聞かせていたのだろうか。

齋藤が自転車競技中の事故にあったのはそんな時だった。

大怪我の静養の為、実家に戻っていた齋藤にある日、父功一が一つの提案をしてきた。

「怪我が治るまで、会社の電話番をやってくれないか。座っていてもできるから」

実家で所在なさげにしている齋藤を気遣ってのことだったのか、功一の、会社の命運をかけた、一か八か賭けだったのか。今となってはそれもう分からない。

だが、結局この時に功一が提案した言葉が、齋藤のその後の人生を大きく左右することになる。

言わば、一つの会社を背負って立つことになる齋藤の人生の扉を開ける鍵、文字通りキーワードとなったのだ。

電話番とは言っても、父親が再建をかけた会社での日々は、齋藤にとってそんなに甘いものではなかった。

功一は、トラックに吊り治具を乗せて、ためらう齋藤と一緒にアポなしの建設現場へ赴いた。「うちは何も注文してないぞ」と、驚き、半ば呆れる業者に、功一は吊り治具の素晴らしさと必要性を切々と説明し、一度使ってみてほしいと執拗に勧めた。根負けした形で実際に使ってもらったその場で機械が壊れてしまったという最悪のおちまでついたことさえあった。それでも功一はめげるということを全く知らなかった。

いわゆる、猪突猛進型の猛烈世代、齋藤に言わせれば功一は「行け行けどんどん」タイプの父親であった。

父功一のそんな姿を見る度に、齋藤は「やっぱり親父すげえな」と思わされ、姿勢を見習うべきだと認識する一方で、「でも何もそこまでやらなくても良いのでは」と、引いてしまうことも多かった。

また、ワンマンですぐ頭に血が上る功一は、自分がこうと言ったら引かない。そんなところもまた、元来温厚な性格の齋藤が苦手とするところでもあった。

功一をリスペクトする一方で、自分が目指す経営者像は、功一のそれとは同じではない、同じにはならないと、齋藤の中で反面教師となっていったのも事実である。

齋藤の潜在意識に少なからず影響を与えていることは、もう一つあった。父功一が亡くなった時のことだ。

「私どもの会社は、齋藤会長にはいいように操られていましたからねぇ」

真顔でそう言ったのは、父親が生前面倒をみていた、とある会社の幹部の人間だった。

「え」

齋藤は相手が何を言っているのか理解に困った。資金的にも時間的にも父親があれほど支援していた相手から、この言われようはないだろう。怒りと悔しさがこみ上げ、齋藤の胸の内はやりきれない気持ちで一杯になった。

面倒見の良かった功一は、よく人の世話をしていた。当然、人から感謝こそされても、こんな風に心ない言葉で名誉を傷つけられ、貶められるような言われはさらさらない。

だが、こういった理不尽なできごとは、今に始まったことではなかった。

アールアイの前身であった会社について、功一は齋藤には詳しい事情を話さなかった。だが、経営自体は順調だったにもかかわらず会社が倒産に追い込まれたのは、功一が信用して経理を任せていた社員や、信頼して経営を任せていた役員たちの背任行為が原因だったのは間違いなかった。

そうやって齋藤は、自分の父親がいろいろな人間たちに裏切られる場面を幾度も目の当たりにして来た。父の厚意や親切を受けるだけ受けた相手が、平気で手の平を返す瞬間を何度も見て知っている。

一番やるせないのは、父を裏切った相手のことを、いつも父がとことん信じていたと言う事実だった。

父のそんな生き方が、齋藤のその後の人間関係構築の際、大きく影響を与えたことは言うに及ばずだ。他人を心の底から信じることができない。ましてや頼ることもできない。

ただひたすら孤独に走り続けることしかできなくなっていった。

そんな齋藤に、父が生前に残した言葉が聞こえてくる。

「いいか一博、経営者っていうのは孤独なものだ。だから、志を高く持て」

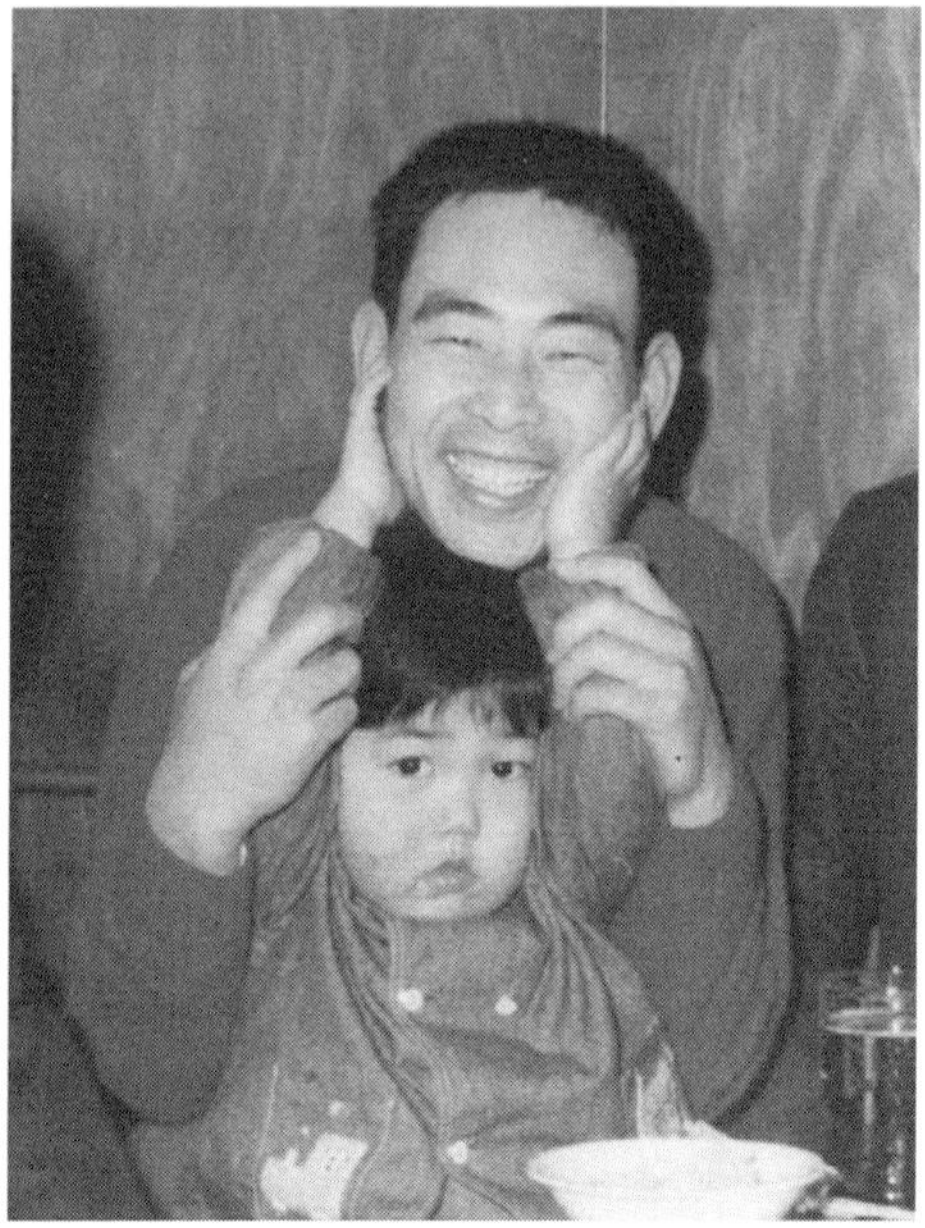

父・功一と幼少期の齋藤

第4章　そして社長は途方にくれる

離職率だって右肩あがり

「そっか。また辞めちゃうんだ、今回は随分急だね」

大宅は淡々とそう返した。先月入社した社員が今週末で希望退職するらしい。

大宅が入社したての頃は、一人ひとりの退職の知らせを聞くとその都度ショックを受け、いなくなっちゃって寂しいなと思っていた。しかし入社二十年以上たった今となっては、もはやさしたる驚きも大した感情の動きもなく、平静なままその報告を聞いている。

その理由は、このアールアイに長年居る大宅が、とにもかくにもこの会社は社員の入れ替わりがとても激しいと感じているからだった。

今まで何人の社員たちがこの会社を通り過ぎていっただろう、もう数え切れない。

長くても数年、短ければ一週間もたたずに辞めていって、顔すらも思い出せない人だっている。人材が育つか育たないかという問題の前に、この会社には人が定着しないのだ。

アールアイ株式会社の名誉のために言っておこう。

給料もボーナスも、大宅の入社当時から今も、平均水準を下回るという事はなかった。社会保険も福利厚生もしっかりしているし、昇給も賞与もある。

ゴールデンウィークや夏休み、年末年始の休みはもちろん、年次休暇もきちんと設定されているし、育児休暇だってちゃんとある。

研修制度や社内行事も充実しているから、やる気があり、スキルアップを目指す人がいればウェルカムだ。

その他、時間外手当はもちろんのこと、一人暮らし手当、あまり聞き慣れないものとしては、親孝行手当なるものまである。

念の為、残業時間だって月平均二十時間を下回っているし、俗に言うブラック企業とは対極にあるような「まともな」、いや「優良」企業なのである。

「一体なんで辞めちゃうのかしら」

大宅の口から思わず出た独り言がたまたま耳に入ったらしい近くのデスクの社員が、冗談とも本気ともつかない顔をして言う。

「最近、会食があんまりなかったからですかね」

ここで言うところの「会食」イコール「齋藤が社員たちを連れて行くミシュランの星がつくような高級店での食事会」のことだ。

「なぁに言ってるのよ、そんな訳ないじゃない」

しかし大宅は、すでに仕事に戻ったその社員の言葉を笑い飛ばすことに失敗して、自分のデスクで黙り込んだ。まさか、そんなことが理由な訳……ないわよね。

社員みんながお客様？

デスクの大宅は、齋藤の社員に対する様子を改めて思い起こしていた。

最近の齋藤は、出張に同行した社員を、夜は美味しいものを食べに連れて行き、帰りにはお土産を買って持たせる。

また、先程の社員が冗談めかして言った「会食」は、社内では「社飲会」と称され、毎回ミシュランガイドに載っているお店で開かれる。普通だったらごくたまに、何か特別な日に家族やカップルが行くようなお店に、齋藤は定期的に社員を連れて行くようになっていた。

やがて齋藤は、気分で靴やバッグや洋服をも社員に買い与えるようになる。普通に考えれば相当おかしな話だ。

そう、当時の齋藤が、会社の人材確保の手段として選んだのは、過度な物量作戦、もっと言えば、賄賂作戦とも呼べたかも知れないものであった。

苦悩の末の齋藤が選んだその方向性に、大宅が賛同して応援できたかと言うと、もちろんそうではない。

社員が喜びそうな物を与えていれば、確かにしばらくは、社内に明るい声が増え、活気が出て、雰囲気が変わったかのように見える。だが、分かりきったことではあるが、そんな解決法はあまりに刹那的であった。当然、数日を待たずにその効果は切れる。

大宅も気づいてはいながら、齋藤には言い出せずにいた。なんと言って良いのかわからなかったのだ。これまでも、幹部という立場にはあったものの、ことを荒立てることが好きではない大宅が齋藤を諭したり、苦言を呈したりすることはまずなかった。

今回の作戦に関してもそうだ。

「社長ちょっとこれはやりすぎじゃないですか」。いやいや、そんなことはとても言えない。

たとえ刹那的であっても、齋藤が社員たちと嬉しそうに笑顔で会話している目の前の状況を、自分の手で遮るようなことはできない。持続性の問題はあれ、社員たちだって喜んでいるのだから悪いことではないのかも知れないし、と大宅は自分をそう納得させていた。

なんだ、こんな事で良かったのか、もっと早く気づけば良かった。くらいに齋藤は思っていたのだろうか。いや、と大宅はその考えをすぐに打ち消した。

そうではない。齋藤だってずっと前に気づいていたはずだ。

買ってもらったバッグのお礼を言われ、食事が美味しかったねという話をしている間は下がっていたであろう齋藤の目尻が、こちらを振り向いた瞬間、元に戻る。

そして周りにわかるかわからないか位のかすかな嘆息とともに肩を落とし、その目が哀しげに伏せられるのを、大宅は何度か目にしたことがあったからだ。

「もしかしたらあれは、俺を止めて、という齋藤社長から私へのサインだったのかな」

なんて、そんな訳ないか、と大宅はまたすぐに、自分の頭をよぎった考えを打ち消した。

「でもさ、それって社内営業&接待じゃない」

その頃の齋藤の会社の様子をある女性社員がこう表現した。

まさに言い得て妙だ、と大宅は思い、不謹慎ながらもちょっと笑ってしまいそうになった。

だが、その女性社員の分析はまったくもってごもっともで、見事に的を射ていた。

美味しい物を食べさせてあげる、靴やバッグや洋服を買ってあげる。社長が社員に対してものすごく気を遣っていて、物を介在してつながろうとしてしまう。しかしそんな作戦が、会社の社長と社員との間で継続して成り立っていくはずがない。

たまにならプレゼントも「あり」だろう。だが、つながりを持続させる為、より喜ばせようとしていく内に、与えるものの金額的な価値だけがどんどん高くなり、社員たちにとっては、やがてそれが当たり前のことになっていく。

それで社内をコントロールできる訳ではない。それどころか、そんな風に気を遣っていることは自然と相手に伝わり、介在する物の価格の大きさに比例して、距離は縮まるどころか、どんどん大きくなっていくだろう。

そんな状態のまま、社長の齋藤も幹部の大宅も、厳しい言葉はもとより、思っていることや本当に言いたいことを、社員たちに上手く伝えられないでいる。

「まあ会社の場が荒れないようにしておこう」と言う理由をつけて、いつも自分たちで言葉を飲み込んでしまう。

そして社員たちはさらに「お客様状態」になって行き、齋藤の接待はエスカレートする。

何を言っても、何をやっても、普段から社長の齋藤はいないし、幹部の大宅からも厳しいことは言われない。叱られることも注意されることもないから、自分たちの好き放題になり、強く言った者勝ち、やりたい放題の者勝ちの、暗黙のルールが勝手にできあがっていった。

そんなある日のこと、大宅の耳にまたもや社員退職の連絡が入った。今度は二人分まとめての報告だった。

ブランド品を買ってもらって大喜びをしていた社員が来月末で、前回海外視察で齋藤に同行した社員が今月末で、退職を希望している、ということだった。

今回ばかりはさすがの大宅も平然とは受け入れられず、しばしの絶句の後、大きく嘆息した。

どうしよう、齋藤社長になんと言って伝えよう。


あの手この手で試行錯誤していた齋藤にはもう、何が正しくて何が間違っているのかの判断すら難しくなり、完全に迷走していた。

進むべき道を見失い、刹那的な問題解決を繰り返し、現実を直視することを避けるような状態だった齋藤が途方に暮れるのも無理はない。

何をどうしたら会社が良い方向に向いていくのだろう。もはや万策尽きたかのように思われた。

齋藤がとある社長仲間から「俺のお勧めの場所に一緒に行ってみないか」と誘われたのは

そんな頃だった。

それはまるで、お気に入りの老舗のバーにでも誘うかのような気軽な言い方だった。

第5章　独り迷宮からの脱出

窮地で出会った仙人天女？

迷路にはまって出られなくなってしまっていた齋藤を見かねて声をかけてくれたのは、社長仲間である山崎登であった。山崎は二〇二〇年、創業百周年を迎えた渋谷のオフィス用品販売会社、山崎文栄堂の経営者である。

そんな山崎が齋藤に紹介したのは、東京都港区にある、ワールドユーアカデミーという、経営者の為の勉強会を催行する会社だった。実は山崎自身もこの会社の学びに出会って、底なし沼でもがいているような状態から救われ、倒産の危機を乗り越えたのだという。

齋藤が初めて会ったワールドユーアカデミーの主催者、仲村恵子さんは、柔和な笑顔が印象的で、穏やかで優しげな空気を天女の羽衣のように身にまとっている人だった。

だが話してみると気さくで、時々大阪人気質が顔を覗かせてはっちゃける、面倒見の良いお姉さんという感じだ。

ワールドユーに集まる経営者たちの中には、実は会社の業績上の問題を抱えている人はあまりいない。むしろ業績自体は右肩上がりで順調なのだが、充実感や満足感につながらず嬉しくない、経営に納得がいっておらず楽しくない、特に社内の人間関係が何かしっくり行っていないことに思い悩んでいる、という人が多い。

恵子さんはそんな経営者たちから、まず一通り話を聞く。人の話を頭ごなしに否定したり、ああしなさい、こうしなさいと自分のやり方を押し付けたりするというタイプの人ではない。ある程度の話を聞いてそこに存在する問題点を見抜くと、やんわりとヒントを与えて、本人の気づきを助長してくれるのだ。

恵子さん自身も二十代の頃から会社を経営し、とにかくがむしゃらに働いていた時期があったらしい。だが上がって行く業績とは裏腹に、何か満たされないものを感じた恵子さんは潔く会社を手放し、世界中のありとあらゆるメンターの元に出向き、教えを乞うた。その他にも自分自身で学んだ経営学、言語学、脳科学、心理学など、様々なことに精通し、全てのことに達観しているようにも見える。

恵子さんは齋藤にさらりとこう言った。

「結局さ、人生は魂の修行なのよ」

何か重要な事を伝えようとしていると感じた齋藤は黙ってその続きを待った。

「みんな魂の成長の為に生きているんだから、この修行は終わりません。あとはその修行を不平不満を言ってやるのか、あきらめてしまうのか、それとも、成長できるチャンスととらえ、悔しがったり、泣いたり喚いたりしながらも、腹を据えて取り組んで、成長して選択の幅を広げいくのか。でもさ、修行がなくなったら結構つまんないかもよ。ウチに来ているみんなは、今の自分を乗り越えようとする修業を冒険として楽しんでいる。中高年よ、大志をいだけ！　若い者の希望になるカッコいいリーダーになりたいよね」

そして自分の言葉にうふふとおかしそうに笑う。恵子さんはそんな人だ。


ワールドユーに通い始めた齋藤はまず、会社の現状を恵子さんに話した。

会社の業績は上がっても、社員たちの志気は上がらず、その定着率もまったく上がらないこと。

父が立ち上げた、何の仕組みも導入していなかった個人商店をシステマイズし、新卒者採用も始めたことで定期的に人が入ってくるようになり、とりあえず、会社らしくは変わったこと。

だが、みんなが生き生きと楽しそうではないし、自らの意思で動いているようにも見えず、人間らしくない為、社員たちをロボット化した感を否めないこと。

そしてその社員たちと自分とのつながりもうまく行かず、ぎくしゃくしてしまっていること。

総じて齋藤自身ですら、自分の会社に魅力を感じられないこと。

とにかくもう何がいけないのか、どうしたら良いのか、途方にくれていて、未来のビジョンがまったく見えてこない、ということなど全部ひっくるめて、自分が今悩んでいることのほぼ洗いざらいを話したのだ。

他人に自分の弱味や恥部を正直にさらけ出すこと、それは齋藤にとって初めての作業だった。

気をゆるめると、時として涙がこみ上げてきそうになった。

だが、目の前の恵子さんは柔らかな微笑みを浮かべながら、うん、うん、と頷き、時として目を大きく見開いて驚き、時として心痛な面持ちで、終始齋藤に共感しながら聞いてくれた。

幼子が、自分のしでかした失敗の言い訳を泣きながら話すのを聞いている母のような、母性愛にも似たものがそこにはあって、気づけば、齋藤はありったけの思いをぶちまけていた。

終わることを知らないかのように果てなく続いた齋藤の話が一段落したタイミングで、恵子さんが口を開いた。

「カズちゃん」

恵子さんは周りの人間をフレンドリーにニックネームで呼ぶ。齋藤は、名前の一博からカズを取ってカズちゃん、と呼ばれていた。

「カズちゃんさ、難しく考えることないんだよ」

恵子さんの意外な第一声に、拍子抜けしたように齋藤の肩の力がすっと抜けた。

「はあ……」

「カズちゃんはさ、これからどんなふうに過ごしたいと思ってるの」

うーん。これもまた、予想しなかった質問に、齋藤はしばし考え込み、そして答えた。

「自分も含め、周りに笑顔が溢れる幸せで楽しい世界で過ごしたいです」

恵子さんは満足げに、そして艶然と微笑み、大きく頷いた。

「それ、いいじゃない」

齋藤の顔を覗き込む恵子さんの瞳の奥にあるゆるぎない力強さは、不安定な齋藤の気持ちをほぐしてくれるような気がした。

「じゃあその世界を実現するためにどんな行動をとっていこうか、って考えながら一歩ずつ自分の生きたい世界に近づいていけばいいんだよ。大丈夫、ちゃんとやり方はあるから」

齋藤の心に何やら一筋の光が差し込んだ気がした。

「話を聞いていると、カズちゃんはもうすでに自分でもその原因にうっすら気づいているんじゃないかとは思うんだ。だから今度は、その原因がなぜ生まれたのか、今一度カズちゃんが自分のことをじっくり見つめ直して、これからどうしたいのか、どうしていったらカズちゃんの望む方向にいけるのか、最終的に、カズちゃんはどんな人生を生きていきたいのかってところまでつなげて行ってみたらどうかな」

そう言って恵子さんが齋藤に勧めたのは、東京と屋久島とで行われる内省内観合宿というプログラムだった。

突然の提案に、齋藤は少し戸惑った。

「合宿……。それも屋久島、ですか」

苔むした大地にその根を晒す縄文杉の巨木が空を覆う、南方の島の風景が齋藤の頭に浮かんだ。

「そう、屋久島。ものすごくいいとこだよ。巷ではパワースポットとか言われてるよね。カズちゃんにとってはどんなスポットになるかな」

恵子さんはそう言ってにこにこと笑った。

屋久島……。

漠然とだが、齋藤の中で何かが変わるかも知れないという神秘的な予感がした。

迷子が母と再会《であ》う時

「内省」とは、元々は英語の"Reflection"という言葉で、現代ではビジネスの人材育成の現場でも使われる言葉である。

現実に起こったことを客観的に振り返り、そこからうかがえる自分自身を見つめるのだ。反省と違う点は、何がいけなかったのかを把握することではなく、人生から学ぶという視点であらゆる出来事を正しく観察し、意味のある学びとして受け取って行くこと。これからどうすれば良いのか、未来に結びつけて考える点である。

「内観」もほぼ同様の意味ではあるが、フランス語の言葉に由来する。

自分の心と素直に向き合い、自分自身の考えや言動を振り返り、内観で今後につなげていく。スピリチュアルな要素もありながら、心理学的にも、精神医療などにも使われる言葉である。

どちらも、奥深くまでの自己観察で自分自身と真摯に向き合い、気づきを促し、問題を解決していくという、今ではビジネスシーンにおいても欠かせないものとなってきている。

神々が集うと言われる屋久島は、仕事上の懸念や日常の邪念に邪魔されず、自分自身に集中することができるという意味でも、内省内観にはうってつけの場所だった。

齋藤は都会の喧騒から離れた屋久島で、太古からそこに在り続ける縄文杉の森や山々に抱かれ、自然のリズムを感じながら、今までこれほど自分について考えたことがないというくらいに自分と向き合い、自己を振り返り、自身を深く見つめ、そして問いかけた。

なぜ自分は他人に仕事を任せることができず、一人で仕事を抱えてしまうのか。

自分の言動、思考、感情、の何が自分自身を抑制しているのか。

最初に頭に浮かんだのは、自分の中の否定的なところばかりだった。誰に言われた訳でもないのだが、汚い、醜いと思う、自分のマイナスな部分ばかりを目の当たりにし、齋藤の額に脂汗が滲む。

いやだ。これ以上はもう深掘りしたくない。

「すみません。今日はここまでにして良いですか」

初日の齋藤の思考は引き返す方向に逃げ込んだ。

しかし、自分自身を見つめ始めて何日かすると、齋藤の意識に変化が訪れた。

葛藤しつつも、嫌な自分から目をそらさず向き合ううちに、次に見えて来たのは、自分が自分に嘘をついていた、という事実だった。

会社では、社員に「できません」と言われれば、「俺がやれば良い」と自分を納得させて来た。経営者は孤独なのだから、全部自分がやって、社員にはやれることだけをやってもらえば良いと、自分に言い聞かせて来た。

「ちがう、そんなのは詭弁だ」

齋藤は心の中で叫んだ。

それで良いだなんて本当はこれっぽっちも思っていなかった。それ以上踏み込んでさらに苦い思いをするのを避けて、本音を言わなかっただけだ。

頼んだ仕事を引き受けてもらえなかったこと、残業を断られたこと、過去の様々なシーンが頭の中をよぎり、胃の奥をぎゅうっと絞られるような、あの嫌な感覚が蘇る。

でもそこで引き返してはいけなかったのだと、今ははっきりそう思えていた。

自分についていた嘘が見えてくると、今度は無意識の内に作動していた自己防衛プログラムを取り払い、とことん自分の内側を感じることができるようになってきた。

そして齋藤は、今まで蓋をして心のずっと奥の方に封じ込めて来た、自分と初めて対峙した。

「俺は、人を信じることができない以前に、自分自身さえも信じることができていない」

もはや齋藤は見つけたその事実から目をそらさなかった。それはなぜなのか、何が自分をそうさせて来たのか、齋藤は躊躇なく、さらに突き詰めていく。

そして最終的に、自分の学歴に対してや、人前に出ることが嫌いなこと、しまいにはリズム感のなさまでをも引き合いに出すほどの、自分自身への強烈なコンプレックスがそうさせて来たのだと気づいた。

会社のことだってそうだ。

「どうせウチのような小さな会社は、すぐに人が辞めてしまうしな」

声には出さないまでも、心の中ではずっとそうつぶやいていた。そんな風に心に常駐していた開き直りや、投げやりで卑屈な感情によって、自分の会社をも率先して卑下していたのだと気づいた。

そして普段から、社員に何かを言われて自分が傷つくことを恐れ、自分から周囲に壁を作って人を遠ざけ、他の社員たちに仕事を任せることができなかったのだ。

自分の中にそういった一連の感情があることに辿り着いた齋藤は、最初は大きく衝撃を受けた。だがそれは同時に、自分の心の深くへと沈む旅が終わり、底に足が着いたことを意味していた。あとは蹴って上がるだけである。

様々な負の感情と向き合い尽くしたら、次には自分を認め、よく頑張ってきたと自分で自分を認めることができた。

そして次に齋藤に湧き上がったのは、自分でも意外な感情だった。

それはまず、自分の両親に対する感謝の気持ちだったのだ。

「産んでくれてありがとう。この世に自分を送り出してくれて、本当に感謝しています」

なんの気取りもてらいもなく、齋藤は生まれて初めて父と母に対して心の底からそう思え、涙がとめどなく溢れ出て来た。

続いてすぐにやってきたのは、同様に、齋藤を支えてくれている周りの人たちへの感謝の気持ちだった。

「ありがとう、みんな、いつもありがとう」

濁りのない素直な気持ちが、さ

神々の島、屋久島での内省内観
感謝の想いが溢れてくる

ざ波のように齋藤を満たし、体が震えて涙がとまらなかった。

「今の自分を受け入れ、そしてみんなを信じ、頼ってもいいんだ」

そう思えることが、心底嬉しかった。

昔、広大なテーマパークで家族とはぐれた自分が、ようやく母親と再会した時を思い出させるような、大きな安堵感が胸の内に溢れた。

それは、齋藤が長い間ずっと背負っていた大きな荷物を、一つおろした瞬間だった。

第6章　カナダが教えてくれたこと

やっぱり出たか、ぼっち病？

日本からの直行便に乗っておよそ九時間後、カルガリー国際空港に降り立った恵子さんは、大きく息を吸うと、

「今年もまたやって来ました。どうぞよろしくお願いします」と、心の中で誰にともなく挨拶をした。

ワールドユーアカデミーの経営者体験研修の一環である、カナディアンロッキーの登山ツアーでは、今年も十一泊十二日という日程を組んでいた。

恵子さんが研修場所としてこの地を選んだのは、会社の経営者や幹部たちにリーダーとして、思いどおりにならない大自然の中で、様々な試練に立ち向かう姿勢を学び、全力を出し

切ることで自身の中にあるパワーを目覚めさせてもらう為である。
一万年以上の時を超えた、その高い純度を誇る氷河を踏みしめ、野生動物しかいない山深い静寂の中で、自分と向き合って瞑想し、メンバーたちと語らう。そして人を阻むかのような険しい山に登って、助け合い困難を乗り越える、そんな大自然の中での研修だ。

山々の美しさでは確かにヨーロッパが群を抜いている。特にスイスの山並みや街並みを訪れると、まるでおとぎ話の世界に入りこんだかのような非現実性に包まれる。しかし、その人気故に、近年では多くの人が訪れ、人の手が入り、整備、観光地化され、人工的な印象を否めなくなって来ている。

だが、カナダディアンロッキーを訪れた人々が受けるインパクトは、スイスのそれとは一線を画すものだ。地球上の多くの場所で文明と引き換えに失われてしまったものが、まだそこには凛として存在する。

日本とは縮尺や規模の違うカナダの圧倒的なサイズ感に、人々は皆例外なく気圧され、ある意味打ちのめされる。地球という球体を感じ取れるほどのスケール感や雄大さ、壮大さ、ワイルドさなどから、一様に言葉を失って、文字通りその場に立ち尽くす。

研修ツアーの参加メンバーたちも例にもれず、移動する車窓からの景色に目を見張り感嘆の声を上げた。

「うわあ、山、山、山。高っ、っていうかでかっ。何メートルくらいあるんだろう」

「いやあ、ほんとだね。高さもそうだし、横の長さもすごくない。巨大な壁みたい」

「ほらっ見て見て、あっちの山から氷河が見えているよ」

日本では、人はみな富士山を見て感動するだろう。だがカナダでは、それと同等、或いはそれ以上の三〇〇〇メートル超級の山々が何千キロにも渡って山脈として連なっているのだから、それは圧巻である。

カナディアンロッキーの風景や環境に初めて触れる人間にとっては、見るもの感じるものすべてが今までの価値観を覆し、その後の世界観までをも変えてしまうものなのである。


最近では、カナディアンロッキー山脈の観光拠点であるバンフの人気も高まり、なかなか入山が難しくなって来ている。

その為、今年のワールドユーのツアーでは、バンフの南東に位置するキャンモアという小さな街から北上してアルバータ州を抜け、最終的にブリティッシュコロンビア州まで到達するというスケジュールが組まれていた。

移動中、ワールドユーのスタッフがメンバーたちに研修中の注意事項を告げる。

「出発前の説明会でもお伝えしましたが、ツアー中に気をつけてほしいことをリマインドしますね」

参加メンバーたちが一斉に注目する。

「カナディアンロッキーは一日の中で四季があると言われるくらい、様々な天候や温度差を体感できる場所です。半袖半ズボンを着ていてものすごく暑かったり、そうかと思ったら急にひょうが降って来たりして、そうなったら今度はダウンの重ね着をしないといられないくらいの寒さになります。道中、三十度くらいから氷点下十度くらいまでの振り幅を体験することになるので、とりあえず移動の際、着衣は防寒防暑一式全部持って、ということになります」

おおお、とメンバーたちがどよめく。数時間で四十度の寒暖差を体感するなど、日本ではまず考えられないことだから無理もない。

「それから、気候の面での注意点がもう一つあります。じめじめの日本の夏と違って、カナダには湿気がほとんどありません。汗をかいてもすぐに乾いて、自分ではその自覚が全然ないので、注意しないとあっという間に脱水症状になってしまいます。そうなると、気分が悪くなって吐いたり、歩けなくなってしまったりします。いいですか皆さん、くれぐれも毎日のまめな水分補給をお忘れなく、お願いしますね」

了解、とメンバーたちがうなづく。

「それからこれもとても大切なことですが、国立公園内やバックカントリーでの過ごし方についてです。特にロッジから出る時は必ず四人以上でお願いします。これはクマ対策の為のルールの一つですが、自分の身を守ることと同じくらいに、野生の動物たちが暮らす世界におじゃまする、という謙虚な気持ちを忘れず、自然界の秩序やルールをしっかりと守ってくださいね」

バックカントリーというのは、人の足ではそこへたどり着く道すらない、手つかずの自然が残っている山中のエリアのことである。

ワールドユーのカナディアンロッキー研修ツアーには、道路近くの駐車場に車を止めてそこから険しい山々に登って行くフロントカントリーでの行程や、バックカントリーで過ごす行程などが含まれている。自然のままが保護されている山域＝バックカントリーエリアまでは往復ヘリコプターで運んでもらい、そこで三日間ほど過ごす。

自分たちのグループ以外、あと生きているのは野生動物たちだけ、という環境下で、メンバーたちは原生自然と対峙しつつ、人生の次の局面に向けてのプランニングや新たなるビジョンを創ったり、瞑想をしたりして過ごすのである。

フロントカントリーでの、三〇〇〇メートル超級の険しい山へのアタックもしかり、原生自然というウェルネスの中で、多くの野生動物たちに囲まれてテントで眠るバックカントリーでの経験もまた、そうそうできるものではない。どちらもこの研修に参加する醍醐味である。

車窓からの景色を堪能したり、窓を開けてカナダの大自然の空気を吸い込んだりしている内に、メンバーを乗せた車は今日の宿泊先に近づいていた。

アイスフィールドパークウェイから湖沿いの道を入り、数百メートル行ったところに、ナム・ティー・ジャ・ロッジがある。

「あ、あれがそうじゃないか、見えて来た、見えて来た」

何度かツアーに参加したことのあるメンバーの内の一人が、遠くからでも目立つ、特徴のある赤い屋根を見つけて声を上げる。

ワールドユーのカナディアンロッキー登山研修の際に選ばれる宿泊先として代表的なのが、このナム・ティー・ジャ・ロッジである。ナム・ティー・ジャ・ロッジはカナディアンロッキーを訪れる多くの人々が、いつかは泊まりたいと憧れるロッジだ。

建物全体がログハウス風の丸太作り、そして建物に乗っかる赤い屋根が、青い空や湖、そして木々の緑に映え、とても可愛らしい。百年以上の歴史と伝統を誇り、個人の所有地とし

絵画のように美しい、ナム・ティー・ジャ・ロッジ

ては国立公園内で唯一営業を許されている、由緒あるロッジである。眼前にクロウフット氷河をたたえたボウ湖や二〇〇〇〜三〇〇〇メートル級の標高を誇る山々、そして氷河滝などを臨む、最高のロケーションにある。

カナディアンロッキーの多くの湖は氷河湖であり、氷河が削った岩盤の粒子が陽光を受けて起こすプリズム現象によって、湖の色は日々変わる。青や緑の湖面に、さらに氷河や山々が映り込み、ロッジの前の湖畔から眺める景色も、部屋の窓枠に切り取られた風景も、まるで絵画のように美しく、過去に参加したメンバーたちからの評判もすこぶる良い。

ロッジ内のレストランにはシカやクマの剝製が壁に掲げられ、重厚感のある大きな暖炉も備え付けられている。革張りのソファーに腰掛けると、百年前から脈々と続く伝統と歴史とにしばし思いを馳せることができるこのロッジを、恵子さんはいたく気に入っていた。

「ほんと、何回来ても色褪せないいな……」

むしろ来る度にその感動が増していく、カナディアンロッキーの偉大な自然に包まれたロッジの部屋で、恵子さんは束の間感慨に浸っていた。

だがそんな和やかな雰囲気を拭い去るように、部屋の電話は突然鳴った。

何だろう、そう思いながら恵子さんが電話に出ると、受話器の向こうの声はスタッフだった。

「恵子さん、カズちゃんなんですけど、体調があんまり良くないって、今お部屋から連絡がありました」

恵子さんは電話を切るとすぐに齋藤の部屋に向かった。


ロッジに到着した齋藤は、チェックインするなり、部屋に直行し、周囲の景色を満喫することも、荷ほどきすらもそこそこに、ベッドにどさっと横になった。

出国前から体調が良くなかった。

屋久島であれだけの大きな気づきを得た齋藤は、このカナディアンロッキーでさらに新しい自分を発見できると期待していた。だが、カナダへの出発の日が近づいてきた頃から次第にプレッシャーを感じてもいた。

そしていざカナダに到着して目の当たりにした、天まで届くかとも思われる壮大な山々への畏怖は、そのプレッシャーを不安という感情へと変えさせ、齋藤の心中を黒く塗りつぶし始めた。

登頂・ピークハント後の達成感よりも、頂上に辿り着けなかった場合のことばかりが頭に浮かぶ。

登れなかったらどうしよう、みんなに迷惑をかける訳にはいかない。

もし途中下山なんてことになったら、みんなにダメなやつと思われるんじゃないか、もう一緒に登りたくないと思われるんじゃないか。

いっそ体調不良を理由に自分だけ登山は辞退して、ロッジで待機していた方が良いかも知れない。実際に体調が悪いのだからみんなも納得してくれるだろう。

悲観的な予想が九割方齋藤の頭を占める中、でもせっかくカナダまで来て、メインの山にアタックしないという選択肢はないよな、と残りの一割が齋藤を呼び戻す。

あっちへ行ったりこっちへ行ったり、齋藤の気持ちは、大きく揺れた。

「いけない、これじゃあ今までと何も変わらないじゃないか。プラスなことを考えよう」

最終的に齋藤がそう思い直した瞬間、部屋のドアがノックされた。

「カズちゃん、具合はどんな感じ」

齋藤の部屋を訪れた恵子さんは、ベッドの脇に膝を落とし、声をかけた。

「すみません、恵子さん。実は出発前から本調子じゃなくて。この研修ツアーの為に仕事で少し無理し過ぎちゃったかも知れません」

齋藤が力のない声で答える。

「そっか。とりあえず念の為、病院に行って先生に診てもらおうよ」

幸い医師の診断によれば、症状は深刻なものではなく、仕事と移動のつかれが重なった為だろうとのことだった。齋藤は点滴を受けて、そのままロッジに戻ることができたが、これからの行程を考えると、体力的にも万全の体調とは言い難かった。それでも一応、アタックすることは決心したようだった。

齋藤を部屋に送り届けて、自分の部屋に戻った恵子さんは珍しく眉根を寄せて、ふーん、と考え込み、そしてつぶやいた。

「やっぱり出ちゃったかな、カズちゃんのぼっち病」

二〇一三年に、ワールドユーのプログラムの参加者として恵子さんが出会った齋藤は、その実直そうなイメージが印象深かった。

聞けば学生時代から、いつか自転車競技で一旗上げたいと日々練習に励んでいたがレースで負傷し、その流れで彼の父親の会社を一時的に手伝うようになったと言う。彼の父親が病に倒れ、会社を受け継ぐことになった後も、社内の様々な問題を抱えつつも、ずっと一人で解決しようともがいてきたことも、恵子さんは聞いて知っている。

だが、話していく内に、恵子さんは齋藤一博という人間に対して、悪い意味ではない、だが何か釈然としない、違和感のようなものを感じていた。

元競技選手でスポーツマンであるし、何かをやり切る力もある。実際に会社の売上も悪くはないし、業績も伸ばし続けている。次のステップへ向けて、リーダーシップを発揮して、社員たちを率いていくことだってできるはずなのに、彼は大事な場面で自分では何かを決定しようとはせず、みんなが良いと思う方向でやってくれれば、というスタンスをとりがちであった。

自転車競技に関してもそうだ。国際大会の代表に選ばれ、ヨーロッパへの留学も目前というところまでいったにもかかわらず、あと一歩という一番大事なシーンで怪我をしたことにより、結局、あれだけ思い入れの強かった自転車の道をあきらめる結果となったのである。

そして今回のカナダでの、病院で治療を受けるほどの体調不良。

社内での件はともかくとして、恵子さんが徐々にわかってきたのは、齋藤には一つのパターンがあるということだった。

いざ次のステップへ進もうということになった時、彼には何かが起きる。結果、先へ進まない、いや、周りの誰もが納得する、進めない理由が生じるのだ。

こういう傾向は齋藤にのみ言えることではない。言ってしまえば、恵子さんが今まで会って来た、どの会社の経営者にも起こりがちなことではあった。

忙しい、時間がない、体調が悪い。彼らは、前に進まない為の、何かを打破しない為の、どんな理由でも作りあげられる。加えて、経営者という立場の者を制する人間がいないという好都合が、このパターンを増幅させる。

そして、得てしてそんな時、彼らは周りに頼らない、頼れない、頼る相手がいない。

特に齋藤は、恵子さんから見れば、周りの人間を遠ざけがちのように思えた。会社にいても、社員に対してもある程度のところまではコンタクトしようと頑張るのだが、いずれも人間関係の障害の越え方がわからず、最終的に信頼構築を諦めてしまう。それでもなんとか会社を回して行こう、社員を守ろう、という責任感の強さから、誰にも愚痴一つ言わず、自分しかいないのだと、がむしゃらに突っ走って来たのだろう。

そんな齋藤が今回、マウントテンプルというかなり危険で険しい山へのアタックを目前に控え、登れなかったらどうしよう、他のみんなに迷惑をかけたらどうしよう、というマックスの不安を抱える状況に陥った。

運動スペックとしては、逞しい筋肉、自転車競技で培ったスタミナ、いずれをとっても、現地のガイドにだって引けをとらないものを齋藤は有している。

それはカナダ研修の中の一つの行程である、ロッククライミングをした時だった。

「あれえっ、すごいじゃん、カズちゃん、もう上まで行っちゃったよ」

齋藤はみんなが驚くその身体能力で、たった一人誰よりも早く、するすると崖上まで登ってしまい、みんなの驚嘆と称賛とを集めていた。

逆に言えば、一度出してしまった自身の結果と周りの評価は、今回のピークハントという大きな目標を、齋藤にとって、超えられない壁としてしまう一因でもあったのかも知れない。

しかしこれは周りの誰のせいでもない。齋藤自身の問題だ。

齋藤には人とちゃんと繋がった経験がほとんどない。物体や結果を介してつながることはできるが、たとえ何かに失敗しても、その時に頼れる仲間がいるという認識を持ったことがない。そんな齋藤の一面も、恵子さんは早くから見抜いていた。

本人も気づかぬ内にかちかちに固まってしまった齋藤の心根は、一度や二度の成功体験という小さな金槌では崩すことができず、それ故その後も、何度でも確認しようとする。「自分はちゃんと評価されているのだろうか、周りから必要とされているのだろうか、そして、愛されているのだろうか」と。

それは齋藤がこれまで自分の中で際限なく繰り返してきた、潜在的な自問自答であった。さらにそこには追い打ちをかけるように、齋藤が成人過ぎまでを費やした、昭和という時代の慣習が影響してくる。

勝つか負けるか、結果を出せるか出せないかという、十かゼロかで評価する、昭和のプログラムが齋藤の中で発動するのだ。だからある程度まで到達した時、無意識の内に、自分自身で何らかの障害を生じさせて、先へ進むことを阻んでしまう。

商売でもそうだ。売り上げが上がれば良い、そうでなければだめ、というプロセスを無視した考え方は、短絡的な昭和時代の判断基準である、とかねてから恵子さんは思っていた。恵子さんが、ワールドユーの会員である多くの会社の経営者や幹部や社員たちに経験し学んでほしいことはそういったことではなかった。

目標は確かにあるべきものだろう、だがここで重要なことは、それを達成できたかできなかったかということではない。そこに至るまでに付随してくる友情とか、助け合いとか支え合いという、人と人との絆や、何かを成し遂げようとするプロセスそのものに重みがあるのだ。そういったことを、恵子さんはみんなに学んでほしいと思っていた。

だが結果として今回も、齋藤の頭の中にいる「周りの期待に応えられなかったらどうしよう、迷惑をかけたらどうしよう」という、ひとりぼっちかつ昭和生まれの、もう一人の齋藤が表に登場してしまった。その不安や心配が、彼自身の体調を悪くさせている、と恵子さんは思った。

そう、恵子さんがずっと危惧していたのは、齋藤自身のバックボーンからくる、メンタル部分の脆弱さであった。

「登山であばらの骨が折れても絶対に折れない私のメンタルを、体脂肪と一緒に少しカズちゃんに分けてあげたいくらいだわ」

豪快に笑いながらも、恵子さんは本気でそう思っていた。

ピークハントを超えるもの

若狭謙治は、山崎文栄堂の専務を務めるかたわら、二〇一八年に自分の夢であった会社を立ち上げ、経営者となった。さらに、このワールドユーのメンバーであるリーダーたちが集う、ヒーローズクラブというグループの事務局長という役目をも担っている。

若狭は今回のカナディアンロッキーのツアーで、メンバーたちのまとめ役、サポート役を買って出る一方、いよいよ本日決行となったマウントテンプルのピークハントに強い意欲を燃やしていた。その為にずっとハードなトレーニングを続け、この日に合わせて調整も完璧にこなして来たのだ。

マウントテンプルはカナディアンロッキーの中で十番目の高さを誇り、レイクルイーズ周辺では一番高い山だ。

登山の準備はあたりがまだ暗いうちから始まる。暗いといっても、夜が短いここカナダでは、日が沈んでからそれほど長い時間はたっていない。

ハーネスをつけ、トレッキングシューズにアイゼンを装着し、重いリュックを背負い、ヘルメットをかぶる。

登山口のモレーンレイクまでは車の送迎があった。

第一歩を踏み出した若狭は「絶対登頂するぞ」そう気負っていた。

一方、さんざん迷った挙げ句、登山を決めた齋藤の心には、まったく意気込みが湧いてこなかった。最後の最後まで、部屋で待機という選択肢が消えなかった齋藤の気持ちを奮い立たせたのは、他のメンバーたちが必死に自分のサポート準備をしてくれている姿だった。

体調の優れない齋藤が登頂できるよう、皆が頭を悩ませ、計画を練ってくれた。荷物もできるだけ軽減して、周りの人が持ってくれることになった。そこまでしてくれるみんなに、自分は登らない、などと言い出せる雰囲気ではなくなっていた、というのも正直なところではあった。

だが、いざ登ると決めたのであれば、齋藤の体調を案じつつも一緒に登ろうと力を尽くしてくれるみんなに、迷惑をかけるからと強がり「大丈夫」と伝えることが、逆に迷惑の量を倍増させるだけなのだということも知った。

厳しそうだと思う時には無理せずそう伝え、できそうにない部分はみんなの厚意に甘えよう。周りに負担をかけることを誰よりも嫌い避けていた齋藤が、自分の固定観念を捨て、そう決心できたのだった。

いよいよマウントテンプルアタックだ。

登山口からしばらくは、ラーチバレーからセンチネルパスまでのハイキングコースでのウォームアップだ。そこまではなんとか、齋藤も問題なく進むことができた。

そこからスクランブル＝本格的な登山がスタートする。

登山の前日。

恵子さんは、ガイドから真剣な表情で重苦しく声をかけられた。

「明日の登山の件で、ちょっといいですか」

カナダの登山には、熊対策の為のルールがあって「一チーム四名以上で行動すること」これは命に関わる絶対のルールだ。だから今回、体調のすぐれない齋藤が途中断念した場合は、その時点で同時に三名が登頂できなくなることが決定してしまう。

「登れないと決まった時、ガイド一名とカズちゃんと恵子さんの他、登頂できない一名、誰を選びますか？」

恵子さんはガイドからそう決断を迫られた。

みんな一年間、このカナダ、マウントテンプルアタックを楽しみにトレーニングをしてきた。明日を控えて「万が一の時、一緒に断念してくれる？」と誰に声をかければいいのだろうか。

この問いに「いいよ！」と喜んで引き受けてくれるのは、みんなを守ることが何よりありがたいと思っている山崎文栄堂社長の山崎登・山ちゃんだろう。そして苦手なのは専務の若狭謙治・謙ちゃんだということは明白だった。

人には気質があって、山ちゃんはみんなを守るのがもっとも自然で楽しい事。謙ちゃんは、自分の価値は結果に対して他人が評価するものだと思いがちで、最も重要な事は達成する事、つまり登頂という結果を出すことだと考えている。

社会貢献を目的とするヒーローズクラブの局長として、全体をサポートしてもらうために、謙ちゃんにはどうしても「個人の達成への執着を超えて、全体の成功を自然に考えられるようにシフトしてもらいたい」と、恵子さんはかねがねそう願っていた。

当然謙ちゃんもわかっている。ただし意識的にわかっているだけでは、無意識的な自然な行動は変化しない。ワールドユーが登山などの体験学習を重要だと思っているのは、自分で体験し、自分の言語で新しい考え方をインストールしていくしかないからだ。

リーダーとして素晴らしい体験の積み重ねが、自分たちの世界観を拡げていく。

謙ちゃんは、達成をあきらめて人に寄り添うこと、カズちゃんは、どんな時でも一緒にいる仲間がいること、を学ぶチャンスがついにきたのだ。

「これは絶妙のタイミングで、すごい成長のチャンスをいただいたなぁ」と、大自然や神々の計らいに感謝が溢れてくる。やっぱり神様のすることは凄い。そこで恵子さんはにこにこと、だがきっぱりとガイドに話した。

「ではその時が来たら謙ちゃんに、私からお願いをします」

「謙ちゃんで大丈夫ですか？　あんなに登頂を楽しみにしていたのに」

人選を間違っていないかと心配して確認するガイドに、恵子さんは答えた。

「そもそも登頂だけが目的ではなく、大自然の力をおかりする、魂磨きの修行なので大丈夫です」

高度順応しながら登山を始めて数時間、歩みを進めてきた若狭に、後ろにいた恵子さんが追いついて来て言った。

「謙ちゃん。カズちゃんがやっぱり体調悪くて私たちのチーム結構遅れてるから、今日はもう無理かも知れない」

「そうなんですか、ここまで来て、それは残念ですね」

他人事のように聞いて相槌を打った若狭に対して、恵子さんが続けた言葉は、若狭が予想だにしなかったものであった。

「そうなの。おそらく、ピークハントするのは難しいと思うってガイドが言ってるんだけど、謙ちゃん、カズちゃんをサポートして一緒に登ってもらえないかな」

若狭は一瞬、今言われた言葉を飲み込めず、恵子さんが言わんとするその意味の説明書きがそこにないかと探すかのように、彼女の顔を穴が空くほど見つめた。

登頂にかける今年の自分の強い思いを、恵子さんは知っているはずだ。その上で、恵子さんは今、僕にピークハントできそうにないチームで一緒に登るようにと言っているのだろうか。

あまりのショックに気が動転して考えがまとまらず、若狭の口からは「はい」とも「いいえ」とも、言葉が出て来なかった。

そんな若狭の一瞬の表情の曇りを見逃さず、かぶせるように恵子さんは言った。

「謙ちゃんの今回の登頂に懸ける思いは私も充分知ってる。こんなお願いをするのは酷かも知れないとも思ってる。だけど、今ここでお願いしていることは、カズちゃんにとってはもちろんなんだけど、ある意味、謙ちゃんにとってもすごく大切なことだと思うんだ」

正直若狭にはまったく理解ができなかった。だが、恵子さんの言葉は、いつもその後の体験を通して証明されて来た。そう思い直し、若狭はある意味割り切って返事をした。

「わかりました、恵子さん。カズちゃんと行けるところまで行ってみます」

こうして、登頂へ向けてあれほどの強い熱意と情熱を持っていた若狭は、齋藤たちのチームで一緒に登ることになった。

だが、返事とは裏腹に、若狭の中で渦巻く疑問は消えない。

恵子さんの言う、僕にとっても大切なこととは何だろう。

山は頂上を目指す為に登るものではないのか。せっかくカナダまで来たのに、登頂を諦めながら登ることに何の意味があるのだろう。

昨日のクライミングのトレーニングだってしっかりとこなした。

それなのに僕は今、何の為にこの山を登っているのだろう。

なぜだ、なぜだ、なぜだ。若狭の頭の中は悔しさと疑問譜とで埋め尽くされていった。


「カズちゃん、謙ちゃんが一緒のチームで登ってくれることになったから」

恵子さんにそう言われ、齋藤は息を飲んだ。

「え。そんな、だって、謙ちゃん今回ピークハントに賭けてますよね」

「うん。でもカズちゃんと一緒に登るって言ってくれたんだよ」

あれだけピークハントへの決意が強かった若狭が自分に寄り添って登ってくれる。

申し訳ない気持ちと共に、齋藤の胸は感謝で一杯になった。

少し長めの休憩の後、再び登り始めた齋藤を、チームに加わった若狭や恵子さんが、まだいける、まだいける、登頂できるとずっと励ましてくれる。

「カズちゃん、その調子、その調子。いけるところまで登ってみよう」

「みんなでピークハントしよう、まだ間に合うよ」

みんなの言葉で不思議と齋藤の中に力がみなぎり、とっくに限界を超えているはずの今なお登り続けていられる状況が、自分でも信じられなかった。

景色に目をやると、カナディアンロッキーで登りたい山十選と言われるテンピークスが、その両腕で齋藤たちを囲んで、見守ってくれているような気がした。

体調が万全とは言え、若狭にとっても、目の前の山道が険しく危険なものであることに変わりはなく、この道のりは相当に苦しかった。だが自分の目の前に、体調が優れず体力も限界に近づいていながらも、顔を歪め、歯を食いしばって登り続ける齋藤の姿があった。

みんなに迷惑をかけたくない、みんなに申し訳ないという思いの強い齋藤が、「どうせ無理」を今まさに乗り越えようとしている。行けるところまでいこうとしている齋藤の、必死にチャレンジする姿を、恵子さんは自分に見せたかったのだろうか。

確かに、齋藤への励ましの言葉は、普段の何倍もの威力をもって今や自分たちにも跳ね返り、若狭自身やチームをも鼓舞させるものとなっていた。

そんな中、疑問と葛藤しながらも、若狭は自分が恵子さんと、ワールドユーで出会った頃を思い出していた。

会社での以前の自分がどうだったか。何が自分を変えてくれたのか。そして今、仕事のみならず自分の人生がどう変わって、未来の展望をどう考えられるようになったのか。

人は人、とにかく自分だけは登りたいという今のこの欲求の持ち方は、あの頃の、独りよがりだった自分の考え方そのものではないのか。この欲望のままに進むということは、元の自分に逆戻りしていくことではないのだろうか。

カズちゃんだって本当は頂上まで行きたいと思っているはずだ。

そうだ。自分だけではなく、人生で得た、大切な仲間であるカズちゃんと一緒に登りたい。登れるところまで登ろう。ピークハントだけが重要なことではない。そこにはきっと、もっと大事な何かが見えてくるはずだ。

高木が生息できる森林限界を超えると目の前の景色からは緑がぐっと減り、代わりに灰白色の砕石のガレ場が広がる。似た色をした空からは、今にも時雨が降りて来そうだ。

先程から、齋藤の荒い息遣いには、ふうーっ、ふうーっという声が混じり始めていた。

体調が万全でないことに加え、大小様々な形の石で足を取られ、思うように前に進めない。寒い。息が上がる。齋藤の足取りは一歩毎に重くなっていて、もはや意識も朧気だった。

「まだ行ける、カズちゃん、まだ行けるよ」

「みんなで登頂しよう、まだ間に合う」

若狭や恵子さんの励ましの声のみが、齋藤の鉛のような足を前へと動かしていた。

齋藤は我に返り、思う。ここでおりる訳にはいかないんだ。

だが、標高三四〇〇メートル、あと一時間もあれば頂上まで行ける、という地点で、現地ガイドからチームへの宣告が下された。

「I'm afraid……時間が足りないようです。もし残された時間を登り続けたとしてもピークハントはできないし、途中で下りることになるけどどうしますか」

タイムアウト――。

「え、嘘」、「そんな」、「まじか」

それぞれのメンバーの口からほぼ同時に漏れた言葉と共に、そこでみんなの気力の糸がぷつっと切れた。

全員の全身から、絶対登りたいという、直前までの祈りにも似た願いや意気込みが消え、あと少しなのに登れないんだ、という現実的かつ絶望的な空気が立ちこめ、誰一人として声を発することができなかった。

重く暗い沈鬱と沈黙がチームのメンバーたちを包み込んだその瞬間、折しも先発チームから無線が入る。

「たった今、ピークハントしました」

興奮してそう告げる無線機からの連絡、そしてその後ろから聞こえる、雄叫びとも言える別チームメンバーたちの歓喜の声。

齋藤たちからは、登頂メンバーたちには到底届かないであろうボリュームで、おめでとうというかすかな声と、力ない拍手が起こる。

落胆の度合いが深すぎて、この時はまだ、齋藤の胸には羨望の気持ちすら湧かなかった。代わりに、齋藤の口からかろうじて出て来たのは、共にいるメンバーたちへの陳謝の一言だった。

「みなさん、本当にすみません」


結局、齋藤と若狭たちのいるチームはなだらかな斜面まで山を下り、ピークハントをしたチームを待って合流することになった。

「せっかくだから、待ち時間に今日のことについて振り返りをしましょうか」

待機地点に到着して別チームを待つ二十~三十分の間、恵子さんの提案で、目の前の氷河湖を見ながらみんなで今日の振り返りをしようということになった。

危険で困難な山道をぎりぎりまで登り、結果ダメだった、そして下りてきたという、日常ではまず味わうことのない類の様々な複雑な感情が全員の胸の中で入り混じっていた。

さすがに、最初は誰からも声が上がらなかった。だが全員が自分自身をしっかりと振り返り始め、次第に、それぞれが本当に心から思ったことを話し始めた。

まずは恵子さんが口を開いた。

「カズちゃんは体調が悪いところよくチャレンジしたね。あきらめないで本当によくここまでがんばった。その意志力はすごいと思う。ちゃんと自分を褒めてあげてね」

自責の念にかられてずっとうつむいていた齋藤が、涙に濡れた顔を上げる。

「それから謙ちゃん、頂上に行きたかったあんなに強い想いをカズちゃんのサポートへ変えてくれてありがとう。今日、登れないかもと思ったら悔しかったでしょ。なんでだよと思ったよね、きっと」

いえ、と言おうとした若狭の言葉は喉の奥で絡まって出て来なかった。

「でもね。全ての出来事には意味があるの。今日、こうやって途中下山したことにも、もちろん意味があるんだよ。謙ちゃんがカズちゃんのサポートをしたことにも、ちゃんと意味があって、みんなが成長する為の出来事だったんだと思うんだ」

目の前の氷河湖の美しい水面を見つめながら、齋藤と若狭が黙って頷く。

「謙ちゃんはどんな風に感じた」

恵子さんに聞かれ、若狭が答える。

「今回ピークハントという目標は達成しなかったけれど、登頂するかしないかではなくて仲間であるカズちゃんと登ったことで、人に寄り添い、力を合わせ助け合うことの大切さを知りました」

さっきまで、若狹の中であれほどまでに渦巻いていた疑問や悔しさが今は嘘のように、跡形もなく消え去っていた。

「自分のことを二の次にしてでも、サポートしたいと思わせてくれたカズちゃんと、自分との絆の太さも再認識することができ、今回の経験をしたことで、今驚くほどの充実感と言い表せない喜びを感じています」

ともすれば零れそうになる涙を、若狹はあと少しで届きそうだった天を仰ぐことでなんとか押し留める。

「カズちゃんと別行動で、たとえピークハントしていたとしても、そこでは絶対に得られなかった貴重な体験だと思います。今回の経験は、途中下山という結果でしたが、自分のこれからの人生にとって何物にも代えがたい宝物になると思います」

それまで押し黙っていた齋藤も、号泣しそうな衝動をなんとか抑え込み、ぽつぽつと語り出した。

「今まで僕の中では、会社にいる時でも、とりあえず一人で突っ走ることが正義、という考え方でした」

恵子さんも潤んだ瞳で頷く。

「今回、もちろん登頂することが大前提で、残念ながらそれは達成できなかったけれど、今日、謙ちゃんが自分の目標や登頂への想いを犠牲にしてまで僕に寄り添ってくれ、一緒に登ってくれたことに、ただただ感謝しかありません。謙ちゃんやみんなの助けがなかったら、僕一人だったら、もっと早くに挫けて諦めて、あんな高さまでも全然登れなかったと思います」

嗚咽が言葉を遮って、齋藤が伝えたい気持ちの邪魔をする。

「人の支えがあること、そこに頼っても良いんだと思えることが、どれだけ安心できて心強くて、自分にパワーをくれることなのか、今日、身を持って実感しました。今まで僕は、できるかできないかしか考えていなかったし、周りからもできたかどうかしか見てもらえない、失敗したらもうそこでダメなんだと思っていました。でも今日は、それよりもっと大事なこと、達成できなくても誰かと助け合いながらみんなで登ることの感動や、自分のパワーをここまで引き上げてくれた、仲間やチームのすごさっていうのを教えてもらった気がします。本当にありがとうございました」

若狭がこれまでかけられた、どんな「ありがとう」より重く心にしみた。

そんな自分に向けられた齋藤の真っ直ぐな言葉に胸が詰まり、ともすればわーっと叫び出してしまいそうになるほどの心の震えをぐっと押し殺した。だが二度目の努力は徒労に終わり、いつしか若狭も辺りを憚らず号泣していた。

今の若狭には、山の途中で恵子さんが言っていた「謙ちゃんにとっても大切なこと」がなんであったのか、はっきりと見えていた。

これだ。登頂することより遥かに大きい達成感を、恵子さんは僕に学ばせたかったんだ。


こうして、若狭と齋藤が寄り添い合い、支え合って道行を共にしたことで、齋藤は人生で初めて、この世の中に、自分を思って助けてくれる人たちがいることを知ったのだった。目標を達成しようがしまいが、自分を大事に思って応援してくれる良き友達や仲間がいるんだという実感を得ると同時に、心が温かい湯船につかるような深い安らぎに満たされたのである。

みんなで声を出し合い、励まし合い、助け合いながら一歩一歩進むことの大切さ、たった一人の力でも、チームによって二倍、三倍とパワーアップする驚異を体感した齋藤は、「こんなことが会社でもできたなら、すごいチームができあがる」そう確信し始めていた。


この年のアタックでは三四〇〇メートル地点で途中下山した齋藤と若狭であったが、共に

マウントテンプル（3544m）登頂
（前列右から、若狭・齋藤）

次回の登頂を固く約束し合った。

そして翌年の二〇一九年。カナダの研修ツアーで、二人は再びマウントテンプルに挑んだ。

前年以上の不安や苦難を伴うアタックではあったが、チームで支え合い、助け合うことで乗り越え、齋藤と若狭は共に三五四四メートルのマウントテンプルのピークハントに成功した。

去年は見上げていた、自分たちを包み込んでくれていたテンピークス、そして途中下山して涙で滲んだ氷河湖のミルキーブルーの湖面をその年は眼下に見て、二人は盟友として、マウントテンプルの山頂で抱き合って喜びを分かち合ったのである。

第7章　今、試される時

そして誰もいなくなるかも？

マウントテンプルのピークハント成功から戻った夜、ロッジで祝杯を挙げていた齋藤を待っていたのは、日本で留守を守っている会社のメンバーからの、あまり喜ばしくない連絡だった。神様はいつだって、一つ乗り越えたら、次の成長のための試練を用意してくださる。

それは、かねてから齋藤、大宅を含む幹部たちの間での懸案事項であった、とある社員についての問題が深刻化しているという内容だった。

その社員は仕事面での能力もあり勤労意欲も旺盛で、その働きぶりと人柄から、周りの、特に同年代である若い社員たちからの人望も厚かった。齋藤自身も彼を信頼してとても可愛がっていたし、いずれは幹部として育てていくつもりでヨーロッパの研修などに連れて行ったりもしていた。

だがここ最近で彼がある重大な問題を抱えていることが判明し、齋藤ら幹部はどう対処すべきなのかということに頭を悩ませていたのだった。

問題の内容については割愛する。なぜなら齋藤は本人と、その詳細は幹部以外の誰にも明かさないと固く約束を交わしていたからだ。そして何より、齋藤はまず、彼のことをここで終わりにしようと思っていた訳ではなかった。

だが、社内で詳しい事情を話さぬまま事態が彼の進退問題に発展して、例えば離職ということにでもなれば、彼を信頼し慕っている他の社員たちにも少なからず影響が出るであろうことは目に見えていた。同年代の社員たちが全員会社を離れてしまう可能性だってあった。いや、可能性と言うよりも、おそらくそうなるだろうと齋藤は予想していた。

場合によっては、この状況は会社存続の危機にもなるかも知れない。このまま何も見なかった、何も聞かなかったことにして、日常に戻り心に蓋をして、今まで通り会社の運営を続けていくべきなのだろうか。

「一博、経営者は孤独なんだ」突如、父功一の声が頭の中でこだました。

「いや、経営者は孤独じゃない、少なくとも今の俺はそう思えるよ。本当は親父だってそんな風に思ってなかっただろ」

齋藤は父親の声と問答しつつ、一方でこう考えていた。

会社にとって人材は大切だ。だが、社長である自分が、一社員の進退に翻弄されているようでは本末転倒だ。そんなことでは会社は成り立っていかない。

ピンチをチャンスにした言葉

せっかくの美酒に酔いしれることのできない齋藤が部屋を見回すと、今年初めてカナディアンロッキーの研修に参加した大宅が、みんなと祝杯を酌み交わしていた。

マウントテンプルほどの高さではないが、それでも登山経験の少ない者にとってはかなり険しい山を、大宅は足を痛めながらもチームメンバーに支えられ、今日、立派にピークハントしてきたのだった。大宅も登頂に成功したという報告をついさっき聞いた齋藤は、自分の時以上の嬉しさや誇らしさをかみしめたばかりだ。

近くの大きな暖炉の中で、薪が燃えるパチパチという音が響いて、齋藤の思考を現実から逃避させる。

目の前にある問題から一旦離れた齋藤の思考は、会社を軸に、大宅と自分との間に流れてきた歴史へと馳せられた。

会社で初めて会った三十年前、申し訳ないが、自分がほとんど会社にいなかったこともあり、正直その頃の大宅のことはあまり印象には残っていない。

だが、齋藤が社長になったと同時に常務になった大宅に、休暇の調整を打診してはっきり断られた時の台詞は今でもはっきりと覚えている。

「会長が私の採用条件としておっしゃっていたことと話が違うので、すみませんがそれはちょっと、お断りします」

これから右腕になるかと思った矢先の大宅からのこの言葉に、齋藤は思いの外、打撃を受け、その後の彼女との信頼関係構築に少なからず影響を与えた。

そして当たり前のように社員がどんどん辞めて行く日々。なんとかしようとして、訳が分からなくなっていた頃の齋藤に対する大宅の、止めるでも咎めるでもなく、だが戸惑いを隠しきれず、何か言いたげな表情。

そんな大宅が齋藤と一緒に内省内観、チームビルディング登山などを経て、何かことが起これば、早出や休日出勤もいとわず、積極的に会社にいてくれるようになった。さらに齋藤のピンチの時には、内勤にも関わらず率先して客先まで出向き、クレーム対応までしてくれるようになっていた。このことは、その後の齋藤に大きな活力をくれ、活路を見いださせてくれた。齋藤にとって大宅は、今や右腕を超えた存在だ。

「はあ……どうしたものかな」

暖炉の炎を見つめたまま、現実に引き戻された齋藤の口から心の弱音がこぼれ落ちそうになったその時、カラン、と隣でグラスの空く氷の音がした。

「大丈夫ですよ、社長」

社員の件でぐるぐると逡巡していた齋藤が、その声を、いつの間にか隣に座っていた大宅のものだと気づくのに少し時間を要し「ん？」と顔を上げた。

今までの大宅であれば、ここで「あ、いえ、なんでもないです」などと笑って、すぐに自分の発言をなかったことにしていたはずだ。

ところが今の彼女は、自分を直視する齋藤の眼差しをまっすぐに受け止め、今までに見たこともないような毅然とした表情で、さらに言葉を続けたのだった。

「もしもダメな時は原点に戻って、私たち二人で一からやり直せばいいじゃないですか」

その言葉は間違いなく、大宅の口から発されていた。

「これから先、齋藤社長がたとえば何か大きな経営判断をしたとしますよね。それでその結果、会社がどんなことになったって、また一から一緒に作り直せば良いじゃないですか」

大宅は清々しいくらいにはっきりと、そして迷いなく、言い切ったのだ。

常に穏やかで、時に臆病そうな部分が垣間見えて、社内ではとにかくことを荒立てないように周りを慮ってきた大宅の口から、そんな風に自信と力に溢れた頼もしい言葉が出ることがあるなど、これまでだったら考えられないことであった。

「何が起こったって、齋藤社長を信じて、一緒ならどんなことだって乗り越えられるって確信しています。私、今なら胸を張ってそう言い切れますもん」

齋藤は信じられない想いで、大宅の顔をまじまじと見つめた。

同時に齋藤は、自分の覚悟がまだまだ足りなかったことを痛感した。今ここで、自分を信じると明言、いや宣言してくれている大宅の言葉に、熱いものがこみ上げてきて、齋藤は感謝とある種の感動に打ち震えながら、自分も思いの丈を伝えた。

「ありがとう、カンちゃん。昔のこと考えたら、カンちゃんと一緒に今カナダにいる事自体が奇跡みたいだもんな」

最近では、齋藤は大宅のことを同志として、ニックネームの「カンちゃん」と呼ぶようになっていた。

「そうだよな。また二人で一から始めればいいんだよな。俺たちでがんばれば、なんてことないよな」

齋藤の泣き笑いにつられて、いつもの笑顔に戻った大宅の瞳からもポロポロと大粒の涙がこぼれていた。

「そうですよ。カズちゃん、なんてことないですよ」

そして大宅もまた、いつからか齋藤のことを「カズちゃん」と呼ぶようになっていた。

自分や若狭の時と同様に、カナディアンロッキーがこの大宅をも変えたのかも知れない、齋藤が改めてこの地の力を思い知らされた瞬間でもあった。

壁から突き出るシカは、その眼の中で暖炉の炎がユラユラとゆれて、まるで齋藤と大宅の会話に聞き入っているかのようだった。


この時大宅が齋藤に投げかけた言葉は、まさにその瞬間まで、会社で自分はずっと一人だと信じて疑わなかった心の奥深くにまで響いて、ずっと消えなかった重い大きな鉛のような塊を、魔法のように溶かしていった。

山に登ってお互いに声を掛け合っている時のように、言葉に言い表せない、不思議な力が齋藤の中にみなぎってくるのがはっきりとわかった。

そうだ、いつまでも過去と同じではいけない。自分、いや、自分たちは変わらなければいけないのだ。変わって、今直面しているこの局面を乗り越えていこう。

何があっても共に一から始めればいい
ロッキーで生まれた強い絆と覚悟

これまでは何かことが起きてもはっきりさせず、うやむやに流してきた。だがこれからは、問題にしっかりと向き合い、つけるべき時にはけじめをつけて、大宅と、社員のみんなと一緒に自分たちの未来のビジョンを目指して進んでいこう。

これから俺たちの会社は、いろんな意味でさらに向上し飛躍していくところだ。

カナディアンロッキーのツアーで起きた様々なできごとの中で、周りの人たちみんなから裏打ちされた自信をもって、齋藤はようやくそう心に決め、自分を奮い立たせることができたのだった。

「おはようございま……」

事務所に早出していた社員は、齋藤が出勤して来た気配に気づいてデスクから顔を上げ、目を丸くした。

「あれ社長、お帰りなさい。カナダどうでしたか、っていうかどうしたんですか、その髪型」

カナダに言及しながらも視線は齋藤の頭に釘付けのままのその社員に「ただいま。やっぱりカナダはすごかった」と笑顔で返し、悠然と自分のデスクに向かった。


ピークハントに成功したカナダから帰国したその足で齋藤が向かったのは、自宅でも会社でもどこかの飲み屋でもなく、近所の理髪店だった。

齋藤はいつもお願いしている理髪師さんにお願いして、自分の頭を人生で初めて、丸く刈り上げてもらった。このことは当然帰宅後「あなた一体何があったの」と妻を非常に驚かせることになった。出勤後に会った社員たちについても言わずもがなである。

齋藤はただ単にさっぱりしたかった訳ではない。これは、齋藤なりの自分の気持ちのリセットの形であった。或いは、過去の齋藤自身との、一つの訣別の儀式のようなものだったと言っても良いだろう。

その後の齋藤は会社で、例の社員と出来る限りの時間と誠意を持って話し合い、彼にも何らかの形で今後に向けた決意表明をしてほしい、そうはっきりと伝えた。

だが――。

「社長すみません、せっかくですけど、自分は辞めさせてもらいます」

最終的にその社員は、会社残留ではなく希望退職という道を選択したのだった。

案の定、詳しい事情と経緯とを一切知らない他の社員たちの間で、今回の社員の退職と、齋藤の断髪姿に、なぜ、という疑問が蔓延した時期もあった。中には齋藤に対して不信感を持った者だっていたかも知れない。事情を知っている幹部の一人が一連の状況を心配し、やはりある程度みんなへの説明は必要なのではと言ってくれたが、齋藤は「そこは彼との約束だから」とはっきり断った。

幸い、その社員の退職に触発されて辞めていく他の社員は一人もいなかった。むしろ、齋藤が今回このように動いたことは、その後の環境を、暗く淀んだ沼の底から陽のあたる場所へと運んでいくことになる。

それからの齋藤は、社員に問題があると思えば本人の事情を聞いた上で、膝を突き合わせて話し、必要であれば改善を促すようになった。

最初の内は、社員たちからは、齋藤がなぜ急にうるさくなったのか、厳しくなったのかと訝しく思われていたかも知れない。正直うとましいと思った者もいただろう。今まであれば、そういった状況を案じて見て見ぬふりをして、事を荒立てないのが会社の為だと思っていた。

しかし齋藤はあの日のカナディアンロッキーで、これからは日々湧き起こる問題一つ一つにきちんと向き合おうと決めたのだ。その気持ちはもう、齋藤の中で揺らぐことはない。

齋藤がその決意を実行に移すようになったことにより、気がつけばいつしか会社の雰囲気が少しずつ変わり始めていた。どんよりと淀んでいるように感じていた社内の空気が澄んできたという表現が正しいかも知れない。

懸念していた状況とは裏腹に、残った社員たちの中には今までよりも会話が増え、活気が出てきた。なぜだろう、生気のなかった社員たちの瞳にも光が宿って来ているように思える。

だが、その瞳が今一番強く輝き始めていたのは、他でもない自分自身なのだと齋藤は気付いていた。

第8章 人も会社もこれだけ変わる

日々楽しくて仕方がない

昔、齋藤は人材確保をあきらめ、新製品の開発に投資した方が良いのでは、と考えたこともあった。自社の製品に魅力を感じて取引してくださっているところが多くあるからだ。

だが、今の齋藤は違う。なによりも〝人〟が重要だと思うようになり、社員の成長を心から願っている。人材の安定や向上なくしては会社の発展はないと確信したからだ。

齋藤の意識や行動が変わったことにより、会社はその後、加速的に変化していった。社内の空気も日に日に良くなって来て、社員たちにもまとまりが出て来た。

以前は敬遠されがちだったバーベキュー大会も社員旅行も、みんなが「行きたい」と言って喜んで参加するようになった。イベントでお互いに話す機会が増えれば、自然と信頼関係も深まっていく。

社員同士の会話にも「団結」「チーム」という言葉が登場するようになった。

「チーム一丸となって」「みんなで助け合っていこう」という意識が社員たちの中にも自然と広まって行ったのである。

ある時、取引先への発注ミスがあり、対応をどうしようという事態が発生したことがあった。

「今からだと納品が間に合わないかも知れない、ちょっと調べてみます」

「とりあえず、私は客先に連絡して状況を伝えてお詫びしますね」

「お願い、納期は分かり次第連絡しますってことで」

「私は業者さんに連絡して最短いつまでに納品できるか聞いてみる」

「サンキュー、頼む、できるだけ急いでってお願いして」

以前だったら、担当者以外は他人事として受け止めて、こんな風にみんなが関わることはなかった。だが今は違う。何かことが起きると自然とみんなが集まって話し合い、あっという間に役割分担ができあがっていく。実際この時もスムーズに問題を解決し、トラブルを回避することができたのである。

最近は社内でそんな光景をよく目にするようになった。

社員がチームでこういった体験をすると、みんなが一体感と達成感を味わうことができ、

「また誰かの役に立ちたい」と思えるようになってくる。

社内にプラスのスパイラルが生まれて来ていた。

結果、社の売り上げは一年ごとに伸びていった。物理的な意味で市場に需要があったことも事実だが、ただそれだけではない。会社自体の魅力が高まり「アールアイに言えばなんとかなる」という声が増えたことが大きい。

明るく笑顔でいる社員が増えたせいで、会社の雰囲気自体がとても良い。

「アールアイさんに来ると、何か元気をもらえるんですよね」

会社訪問に来た銀行の支店長にこう言われた時、齋藤は最高に嬉しかった。


齋藤はまた、自分が良いと思ったことは社員たちにもどんどんやらせようと思う主義だ。自分の考え方、そして生き方を大きく変えてくれたワールドユーを積極的に社員にも勧めていて、現在社員の約半数が学んでいる。学んだ社員一人一人の意識が高まり、明るく前向きに仕事に取り組んでくれれば会社の発展につながると信じているし、実際その成果が続々と出ているのだ。

一つ例を挙げれば、以前だったら、齋藤が出した指示や仕事の依頼は一方通行だった。それが今では、だんだんと変わって来た。

「了解です。そっちも同時にやれば手間が省けるので、一緒にそれもやります」

「社長、それよりここには、こっちの機材を手配した方が良くないですか」

社員が自分たちの状況報告や意見を返してくれるようになったのだ。

自分がやらなければと一人でひた走っていた齋藤が、みんなを信じて仕事を任せるようになった今は、社員たちが率先して自分たちでどんどん仕事を進めていこうとしてくれる。

さらに「自分たちが行動しなきゃいけない」という積極的な意識を持って、自ら考え行動してくれるようになった。

あの日、ナム・ティー・ジャ・ロッジの暖炉のそばで齋藤と大宅が誓ったように、今度は自分たちよりずっと若いアールアイの社員たちもまた、「私たちが会社を変えないといけない」という意志のもと結束してくれている。

社員たちが新たなことに取り組んで、会社を改革していく、何かに挑戦して成長していく姿を見るのは心から嬉しく、また、頼もしいことだった。

会社をなんとかしようとしていたあの頃、様々な手法を取り入れてはみたものの、残念ながらこんな風に劇的に社風が変わっていくことは一度もなかった。

今、齋藤は毎日が楽しくて仕方がない。会社に行くことが嬉しく思えるし、会社で社員た

活気溢れるチームアールアイ

ちと過ごす時間が大好きである。

仕事に喜びを見いだせず、ビジョンが何も見えなかった頃、社員旅行に別の車で参加したり、飲み会を敬遠して遅れて参加したりしていたのが遥か遠い昔のことのように思える。今の齋藤は、忘年会の二次会のカラオケにだって率先して参加する。

自分にこんなに充実した生活が訪れるとは、こんな風に日々わくわくする素敵な人生が待っているとは、夢にも思っていなかった。

「過去に戻れるなら、虚ろな眼をしていたあの頃の自分に、今の自分を見せてやりたいくらいだな。」

そうつぶやいた齋藤は、恵子さんが時々そうするように、自分の言葉にくすりと笑った。

人生の修行は終わらない

生きていると、日々何かと頭を悩ませる大小の問題が起こる。

だが齋藤は、今ならその問題から眼をそらさず、真っ向から立ち向かっていける自信がある。なにがあってももう怖くはない。なぜなら今の齋藤の周りには、家族はもちろん、大宅を始めとする会社の社員たちがいて、齋藤に力をくれるから。どんなに険しい山にも、一緒に登れる仲間がいるからだ。

今でも時として齋藤の頭の中で、カナディアンロッキーでみんなからもらった様々な言葉がリフレインする。

「よくがんばったね、カズちゃん。自分を褒めてあげてね……」

「ダメなら一からまたやり直しましょう、カズちゃんを信じています……」

どれをとっても、齋藤に大きく影響を与え、齋藤の人生を変えてくれた言葉だ。

そして今、いろいろな体感をすることの大事さ、そして、そこにいるメンターや仲間の大切さは、強く深く齋藤の心に刻みこまれていた。

第１話　アールアイ株式会社

カナディアンロッキーが齋藤にもたらした奇跡の大きさは計り知れない。だが物語はここで終わりではない。齋藤にとって、これは新たなる境地へのスタートに過ぎないのだ。

今朝も、齋藤は恵子さんに電話で話していたばかりだ。

「本当に、人生は日々修行です。壁があっても、これいつ越えられるんだろうね、って笑って話せている今が素晴らしいです」と。

エピローグ

オフィスに、社員たちの元気な声が響き渡っている。社員が率先して業務改善ミーティングを開いているのだ。孤独で、一人で突っ走っていた頃の自分からすれば、夢のような光景である。

イキイキとした表情を見せる社員たちを、そんな彼らを率いる社長である私を、先代が生きていたら、どう思っただろうか。「がんばっているな」と、声をかけてくれただろうか。

思い返せば、「電話番でもしないか」というひと言で、私の人生はすっかり変わってしまった。軽い気持ちで仕事を始めてみたものの、先代の無理難題に泣かされたことは、一度や二度ではなかったと思う。

私の社長就任も、「来月から、おまえが社長な」という、ひと言で決まってしまった。覚悟も、人望もなかった私が、その後、経営者として苦悩の日々を送ったのは、本書の通りである。

しかし、今にして思えば、先代からの数々のミッションは、私が困難にぶつかったときに、立ち向かっていけるように与えてくれた試練だったのではないだろうか。

そう思うと、感謝の気持ちで胸がいっぱいになる。

先代の背中を見て、学んできた二十数年間は、仕事をする上で、私の礎となっていることは、間違いない。

最近、感じているのは、創業者が「0」から「1」を作り上げたとすると、二代目は「1」を「2」にしていくものではないかと、ということだ。先代は、建設業界の中でも、吊り治具というニッチな分野に目をつけ、安定した収益を生む会社の基礎を作った。その会社で、社員と心を通わせながら、社員がやりがいを持って仕事に取り組めるようにすることが、私の役目なのかもしれない。

これからも、一歩一歩でかまわないから、心で思い描く会社を作っていきたいと思う。「どうせ無理」という言葉は封印して、理想に向かっていきたいと、心を新たにしている。

「うちは、小さな会社だから……」と、かつての私と同じように、あきらめている経営者の方々がいたら、「思い込みに縛られることはない」と、是非伝えたい。

心の幸せは、自分で動かないと、摑めないものだ。

今は、「笑顔あふれる社会を作り拡げる」「夢をもって楽しく行動する」――こんなふうに思えるようになって、人生を謳歌できるようになった。

会社でも、分かり合える仲間がいるから、これからどんな試練が起ころうとも、楽しみながら乗り越えられるような気がしている。

もう昔のように、一人で突っ走るのではなく、周りの人間を巻き込みながら、笑いながら突っ走っている。


最後に、会社の垣根を越え、寄り添ってもらいながら、様々な素晴らしい体験の機会を与えてくださったワールドユー、ヒーローズクラブの仲間たちに、心から感謝を申し上げたい。

そして、一人でも多くの悩める経営者が、ワールドユーの活動を通して、「幸せを感じられる経営」を見つけられることを願っている。

二〇二一年　アールアイ株式会社
代表取締役 社長　齋藤 一博

第2話　株式会社ＩＳＨＩＤＡ《イシダ》

幼少期から抱き続けた孤独と不安からの解放
仲間たちとの挑戦が生んだカナディアンロッキーの奇跡

序　章

会社の人間関係は、うまくいっているだろうか？　あなたの会社には、ちゃんと明るい空気が満ちているだろうか？

毎日顔を合わせる仲間、ある意味家族のようなものだから、社員との関係は良好であって欲しいものである。

しかし、なかなかそうはいかないのが会社運営の難しいところだ。

・社内に笑い声があまり聞こえない。
・なぜか社内が殺伐としている。
・悪口、陰口もたまに聞こえる。
・社員に仕事を任せることができない。
・社員を心から信用することができない。

・業務が回っていれば、そもそも人間関係なんて、どうでもいいんだと思い込もうとしている。
・自分さえ頑張ればいいんだと思っている。

そんな経営者の方も、少なくないのではないだろうか。

「株式会社ＩＳＨＩＤＡ」石田洋平は、社員が好きになれない、仕事以外は口をきかない、こんな会社売却してやる、となかなかの重病だった。

昭和四十四年に創業以来、産業廃棄物処理のプロフェッショナルとして五十年以上の長きにわたり走り続ける「株式会社ＩＳＨＩＤＡ」。七〇〇社の取引先を持ち、増収増益を続ける優良企業である。

しかし、業績が上向けば上向くほど、社内の人間関係は荒れていった。

二代目社長である石田は、高校生の頃から父の会社を手伝っていた。

その頃の彼は、産業廃棄物処理＝ゴミ屋さん、と呼ばれるのが嫌だった。さらに共に働く社員たちは、無気力で社長の悪口や不満を言ってばかりと感じ、そんな社員たちと交わることを嫌い、仕事も仲間も好きになれなかった。

社長になってからも、常に石田は孤独だった。仕事を頑張れば頑張るほど、社員たちとの心の距離は離れ、離職率も上がり、社内はバラバラになっていった。自暴自棄になり、会社を売却するという考えにまで追い込まれた。

しかし、これが重要なのであるが、その原因は、仕事にも社員にも環境にもなかった。すべての原因は、石田の心の中にあったのだ。

本書を読まれているあなたはどうだろうか、社内の人間関係が思うようにいかないことを、社員のせいにしていないだろうか？　その原因は、必ずあなたの心の中にあるのだ。

これは、孤独に走り続ける経営者が、自分の心と真剣に向き合ったとき、今までの全ての悩みを氷解する真実に突き当たり、生まれ変わることができた物語である。

今、石田は心から信頼できる社員に囲まれ、社内は毎日笑い声が絶えず、自分の仕事に誇りを持ち、自分の会社が大好きで、日々ワクワクしたチャレンジを続けている。

あなたの会社も、必ずそうなることができる。その方法が気になるなら、ぜひこの先を読み進めていただきたい。

第1章　孤独な闘い

波乱の幕開け

いつもと同じ朝。いつもの朝のルーティン。いつもと同じ通勤風景。会社に着くまでは、石田洋平の朝は、いつも通りだった。

「おはよう」

事務所のドアを開け、フロアを一瞥もせずに、まっすぐ自分のデスクに向かう。そしてデスクトップパソコンを立ち上げる。こうして「いつも」が始まる。パソコンでメールチェックをしていると、電話が鳴った。呼び出し音がまだ鳴り続いている。

(何だよ、誰か早くとれよ)

石田は内心、毒づく。パソコンから目をそらし、改めて事務所内を見渡してみると……

「？」

いつもと違う風景が広がっていた。誰も、いない。

しかし考える間もなく、鳴り響いている電話を慌てて取った。

「大変お待たせしました……」

電話の応対が終わったところに、誰かが事務所に入って来た。石田は、ドアの方に目をやる。社内の古参でナンバー２と目されている男だった。そして、近づくと思いもよらないことを口にした。

「あの……ご報告があります。実は、五人が会社を辞めました」

「はあ？」

突然のことに、さすがに驚いた石田は素っ頓狂な声を上げた。

「ついでと言っては何ですが、私も近々退職します。自分で会社を始めようと思いまして……」

彼は、薄ら笑いを浮かべたような顔で、そう告げた。そして、この状況で石田がどんな反応をするのか。まるで泣きっ面をかくのを楽しみに待っているかのようだった。

（そんな大事なことを、いとも簡単に言うもんだな）

石田は内心ではそう思ったが、口にするのをやめた。一度だけ彼に視線を向ける。そして、すぐに外した。

「そうか」

石田は興味ない素振りで一言だけ言った。そしてパソコンに向かい、メールチェックの続きを始めた。当時の会社のナンバー2は、石田の素っ気ない態度に少し不満の色を見せたが、その後、もう言葉を掛けられることはないと判断したのか
「では、こちらの準備が整いましたら退職、ということでお願いします」

そう言って事務所から出て行った。

パソコンを操作しながら、石田の腹の中はかなり煮えくり返っていた。石田を〝困らせてやろう〟という魂胆でやったことだと確信していた。いま出て行ったアイツが首謀者で、辞めた五人をそそのかしたに違いなかった。

（それにしても、これからどうするか……）

五人が一気に抜けたのはかなり痛かった。

（新しい人材が見つかるまで仕事を上手く回せるだろうか？　取引先に迷惑をかけないようにするにはどうしたら……）

色々なことが、石田の頭の中を駆け巡っていた。窓から差し込む朝の日差しは眩しいのに、それとは裏腹に心の中は暗い影が広がっていた。

気持ちを整理するのに、外の空気を吸いたくなった。

表に出ると、さっきのナンバー2がこちらに背を向けて、携帯電話でどこかに電話をしていた。会話がところどころ途切れ途切れに、漏れ聞こえてくる。石田がすぐ近くにいることにまったく気づいていない様子だった。

「……そうなんだよ、言ってやったらさ『そうか』だってよ！　強がってよー。辞めないでくださいって泣きつくかと思ったのに……。うん、うん。この先どうなるか……」

石田は知らない振りをして、その前をわざと横切った。急に石田が目の前に現れたので、不意を突かれてかなり動転したようだ。

「あ、ちょっと。あの、で、ではそういうことですので。また改めさせて頂きます！　し、失礼します！」

慌てて電話を切ったのが背中越しに聞こえた。

その様子に小気味良さを感じたが、それはすぐに消え去った。背中に突き刺さるような冷たい視線を感じた。おそらく、石田を睨みつけているのだろう。くだらないことをするものだ。そんな些細なことを気に留めている時間はない。これからどうするか、それを考えなければならない。

彼から離れるように、四〇〇坪ある施設構内をどんどん歩いた。ゴミ処理機械が忙しなく稼働しているのが見えた。
石田は歩くのを止めて、その動きに暫し見入っていた。

動き続ける機械の横で、汗を流した十七歳の夏

石田は父親が経営する産業廃棄物処理の会社でアルバイトを始めた。十七歳の夏のことである。高校の夏休みを利用してアルバイトをしようと探したのだが、なかなかいいバイト先が見つからない。困っている様子を見かねた父が、バイト代を払うから仕事をやってみるか、と言ってくれた。当時の高校生にしては高い時給を提示してくれたので、ついそれに釣られて始めた。行ってみると会社はいつも忙しく、入ったばかりの石田も社員と一緒に建築現場に行って、言われるがまま廃棄物を回収する手伝いをしていた。始めたものの仕事はきつく、楽しくもない。仕事を好きになれなかった。

理由はいろいろある。産業廃棄物を取り扱っているので、近隣周辺に迷惑をかけないように細心の注意を払って仕事をしているのに、それでも苦情を言われ続けること。

建築現場に廃棄物の回収で伺っても、「さっさと持って行ってくれ」というような、どこ

かぞんざいに扱われているような感じ。それと、〝ゴミ〟を扱うので汚れるから、とそんな理由で好きになれなかった。

最大の理由は「ゴミ屋さん」と言われることだった。大人の中に混ざり仕事を通して見聞きする中で、その言葉を言われるのが卑下されているようで嫌な気分を味わっていた。

そして仕事もさることながら、一緒に働いている人間も嫌いだった。見るからにやる気のなさそうな感じで、口を開けばいつも不平不満ばかり。

（どこにも雇ってもらえないから、うちに来てるんだろ？　日銭が稼げればいいんだろ？）

当時の石田は、どこかそんな目で彼らを見ていたようだった。この環境に染まりたくなくて、ちょっと見下していたところがあったのかもしれない。

そんな心情だったので、彼らとプライベートで仲良くなるなんて、もっての外だった。どんなことがあっても、「絶対に会社の人間とは付き合わない」そう心に決めていた。

それだからか、同僚にも「社長の息子だからって、お高くとまって俺らとは付き合わないんだ」という目で見る者もいた。

それを自分なりに理解していたので、周りからつべこべ言われないように必死だった。嫌だった仕事も文句を言われないように懸命に覚えた。とにかくがむしゃらに働いた。

こうして、会社では笑うことも、怒ることも、徐々に止めてしまった。感情を持つことを止めたのだ。仕事をとにかく淡々とこなす、そんな毎日の積み重ねだった。

石田がこんな様子だからなのか、とにかく聞こえるように不平不満を言われた。

「社長が飯を食えるのは、俺たちがこうして働いてやっているからだろ?」

「こんな安月給じゃ割に合わねーな」

「俺たちが大変な思いをして、自分たちばかりいい思いをしてるんじゃないのか?」

彼らは仕事中に仲間内で集まっては、石田を挑発するようにニヤニヤしながらこんなことばかり言っていた。

当初はもちろん、聞いていて腹が立っていた。何度も言い返してやろうと思った。でも、アイツらとは世界が違う。何を言っても理解できっこない。そう思い直して聞き流し、相手にすることをやめた。そして、それが日常となり、段々と何も感じなくなっていった。いつしか心に波も立たなくなった。そんな状態が何年も続いて行った。

気がつけば彼らとの間に大きな溝が出来ていた。

会社の危機を何とかしたくて行動するが……

石田が社長代理の立場になった頃。

更に社内の空気が荒れていた。その頃の社長はゴルフで不在にすることが多く、会社に出て来ることは稀であった。取引先との関係を切らさないために社長は陰で努力しているのだが、社員たちは知る由もない。そんな社長に対して、相変わらず社員たちは悪口を叩いていた。

「なになに？　社長は今日も芝刈りですか?!」

「こっちが必死になって働いているのにいい気なもんだぜ」

「誰のおかげで遊んでいられるんだよ？」

いつもの如くわざと石田に聞こえるように、数人集まって陰口を始めた。

(またかよ。勝手なことばかり言って……)

聞こえてくる毎回同じような話に少々辟易していた。そんな彼らの声を聞かないように、石田は黙々と仕事をしていた。仕事をやりながら石田は、経営者は社員から理解されない孤独なものだ、と思っていた。

当時は業界の転換期で法律なども変わり、乗り遅れてだんだんと会社の数字が落ち始めていたので、このままではいけない、と危機感を募らせた石田は自分なりに考えて新しい取引形態の事業を始めようとした。それを軌道に乗せようと一生懸命取り組んだ。石田は社員たちにもやってもらいたい仕事の指示を出し、上手く回そうとしていた。

しかし、たまに出社する社長が、誰の指示でこんなことをやっているんだ、とそれをことごとく潰した。社員たちは陰でどんなに悪口を言っていても、トップである社長の指示に従った。石田はそれを覆そうと再び指示を出す。この繰り返しで、石田と社長は時に激しく言い争うようにもなった。

石田は思うように上手く事が運ばず、かき回す社長に対する不満が募る。次第にイライラして社員に当たるようになった。社員たちもどちらの指示に従えばいいのか分からず、もうやってられない、という空気が流れた。中には新しい事業を始めようとしている石田のせいで、みんなが混乱している、と石田に対して不満を持つ者もいた。

そして、今朝の騒動。

現在の社員数は一〇名。そのうち、半数がいなくなってしまった。重機が稼働している様子を暫し放心状態で眺めていたが、やがてふと我に返った。その時、「絶対に乗り切ってやる!!」そんな強い思いが、沸々と心の底から湧いてきたのだった。

五人が抜けた穴は、自分一人が頑張って埋めればいい。

残っている社員に仕事を割り振ったらまた、不平不満を言い出すに違いない。とにかく次の人材が見つかるまで凌ぐためにはこうするのがいいと思った。石田はもう、意地だけでこの難局を乗り越えようと固く心に決めた。悩んでいる暇はないと思い至っていた。

この日から、朝から晩まで、寝る間も惜しんで人の何倍も働いた。日付を跨いで帰宅することも度々あった。朝早く家を出て、夜遅くに戻ることが多くなった石田を、新婚の妻が心配することもあった。疲れて思うように仕事が捗らず、一人残った事務所で思わず感情が爆発して、椅子を蹴ることもあった。疲弊した石田の様子を見かねたある社員から、「お手伝いしましょうか？」と声を掛けられたが、それは受け入れなかった。

（どうせ押し付けられたって陰で文句を言うに決まっている）

それならば、どんなに大変でも自分でやった方がいいと意固地になっていた。並行して行っていた求人募集は、なかなか思うように人が集まらず難航していた。ナンバー２は、その様子を何も言わずに黙って見ていた。そして……

「お世話になりました」

起業準備が整った、と彼は会社を去って行った。

第2章　会社なんて売ってやる!

社長になれば、自由になれると思っていた

あの騒動の後、会社の重大な危機を乗り越えた石田は父親から会社を引き継いだ。石田は父親に口を挟まれ、かき回されることで不愉快な思いもしたが、新しいことにチャレンジして自分の力を試してみたい、そんな気持ちが芽生えていった。社長になれば、きっと自分の思うとおりに仕事ができる、そう夢を描いた。

「自分のやり方で会社をやらせてほしい」

石田は父親に提案した。初めは渋ってなかなか認めてくれなかった。石田はそれでも諦めず、掛け合い続けた。ついに父親は了解してくれた。石田は、これで意のままに仕事が出来るようになって気分も充実し、自由になれると期待に胸を膨らませた。

しかし、現実はそんな思いとはかけ離れていた。好きになれない会社のために、朝早くから夜遅くまで仕事をこなす日々。常に頭の中には会社のこと、仕事のことが離れないでいた。気が休まる暇なんてなかった。

お互いに分かり合えない

〝好きになれない会社〟と言っても、さすがに石田も他の経営者と同様、「会社を良くして行きたい」という考えは持ち合わせていた。そのために独断で仕事の形態を変えることもあった。

だがそれは、社員たちの目に「社長が勝手にやっていること」としか映らず、受け入れてもらえなかった。結局は、石田が自分で考えた仕事をひとりこなしていた。

石田が会社を良くしようと動けば動くほど、ハレーションが起きる。お互いに意思疎通を図ることはなく、双方の間には溝がどんどん深まっていった。みんなで協力して仕事を成し遂げよう、という雰囲気はなかった。

（こいつらのことは期待もしないし、信用もしない）

石田のそんな心情が伝播するのか、社員たちから不平不満が溢れ出た。すると、人の出入りが激しくなっていった。石田はそれを冷ややかに受け止めた。社員が辞めることを耳にする度に、慰留することはしなかった。

（どうせ人なんてそんなもの。辞めたければ辞めればいい。人の代わりはいくらでもいる）

そう割り切っていた。石田が頑なになればなるほど、社内でますます孤立していった。

会社なんて売ってやる！

石田はこの頃からあることを考え始めていた。それは、会社の売却である。

こんな毎日にほとほと嫌気が差していた。社員たちは非協力的で、石田の思い通りに事が運ぶことはない。それに、会社の責任も重く圧し掛かる。人は定着しない。石田は、四面楚歌の状況に疲れも滲んでいた。問題ばかりで、ストレスもどんどん溜まっていった。

（ああ、もう疲れたな。こんな会社を早いところ売ってしまって、ハワイでトロリーの運転手でもやりながらのんびりと暮らすのもいいよな……）

石田はいつしか現実逃避のような、そんな夢を見るようになっていった。

社長に就任するも孤独に走り続けた

いつからこんな風になってしまったのだろうか？　石田の思いは少年時代のあの日々に遡る……。

第3章　病の恐怖と孤独な幼少期

幼い心に巣くう孤独

石田は埼玉県川口市で産業廃棄物処理の会社を経営する両親の元に長男として生まれた。上には姉、下には弟がいる。

幼少の頃から喘息がひどく、子供らしく外で駆け回って遊んだ……、というような記憶はあまりない。いつも思い出すのは、ひとり寂しく布団に包まって、発作に苦しんでいる自分の姿ばかりだ。家族と一緒に外出することもままならず、家で過ごすことが多かった。外出して環境が変わると発作が出ることが多かったからだ。

記憶の中では、いつも家に一人でいたように思えるのだ。家の中から楽しそうに出掛ける家族の後ろ姿を目で追う幼少の頃の自分。

（なんで僕だけ……またお留守番なの？）

そんな記憶で満たされる石田の心には、常に孤独が付きまとっていた。

ある夏の日のこと。自宅の庭で石田以外の家族が、近所の子供たちと楽しそうに花火をしている時のことを思い出す。石田は天井を見つめながら、花火の音やその笑い声をひとり布団の中で、じっと聞いていた。家族みんなが過ごしている楽しいひと時に、自分だけがその中に入れない。それが堪らなく寂しかった。誰もいない部屋で、人知れず涙を流した。いまから思えば、家族はもちろん、自分をのけ者にしていたわけではない。他の兄弟のために花火をしながらも、石田の身を案じてくれていたことはわかる。しかし、当時幼かった石田には孤独と疎外感が深く心に植え付けられたのだった。

喘息がひどくなると、入院することもあった。

近所の幼稚園に通っていたはずなのだが、当時の記憶はほとんどない。小学校に上がると、小三まで入退院を繰り返した。この当時思い出すのは、病院の白い天井と点滴ばかりだ。

点滴は痛くて、本当に嫌で堪らなかった。点滴を刺す看護師さんは、怖い人もいれば、優しい人もいた。優しい看護師に当たれば痛いのもまだ我慢できたが、怖いと感じる看護師の時は痛みに思わず顔を背けることもあった。その様子に「男の子でしょ！」と怒られたりもした。その言葉を聞くと、子供ながらも理不尽に思えた。早く家に帰りたかった。

発作が起こると、とても苦しくて、このまま息が出来なくなって死んでしまうのではないかと不安に思った。常に恐怖と隣り合わせであった。

入退院を繰り返した幼少時代

病室には同じような子供が他にも入院していた。消灯後、他のベッドの子に発作が起こると、バタバタと看護師や医師が出入りするのが、カーテン越しに聞こえて来た。それは石田にとって恐怖だった。発作の苦しさが自分にも蘇って来て、殊更に不安な夜を過ごすことになるのだった。

病が回復して見えた世界

そうした体調も、体が成長して体力がついてくると、少しずつ喘息の症状が良くなっていった。発作は夜に出ることが多く、学校には入院以外は通えるようになった。通えるようになると、ちょっとずつ他の子と同じことが出来るようになっていった。

それは当時の石田にとって、とても嬉しいことであり、とても重要なことであった。低学年までは、一緒にやりたくても病気のせいでみんなの輪に入れずに、ひとり寂しく遠巻きに見ていることも多かった。子供心に寂しさを覚えていた。

それが今ではこうしてみんなと同じ場に居て、同じように少しずつでも出来るようになっていく。それが少年の石田にとって、どんなに嬉しかったことであろうか。そしてまた、もう少し努力すると、他の子よりも出来ることがひとつずつ増えていった。それがどんどん自信になっていった。

この体験の積み重ねが、石田を〝努力することで人より出来るようになる。出来ない奴は努力が足りない〟という精神を形成していった。しかしその反面、〝人より出来るからみんなが自分と仲良くしてくれるのではないか〟という意識が芽生えていった。

他人より出来なくなったら、ダメな奴だとレッテルを貼られて、また自分はひとりになるのではないかという恐怖があった。友達はいるが、弱い自分を曝け出せる人はいなかった。出来ない人間になれば一人ぼっちになるとずっと思っていた。だから努力を重ねていった。

軽い気持ちで始めた仕事

子供の頃から石田は、「将来、父の会社の仕事を継ぐ」という気持ちはさらさらなかった。どちらかというと嫌であった。理由は人に喜んでもらえる仕事ではないと考えていたからだ。親の仕事がゴミに携わる仕事なので、子供心に誇りに思えなかったのかもしれない。否定するような気持ちになりたくなくて、親の仕事を聞かれるのが嫌だったのだと思う。

だが、自分の家の生活ぶりをみると、他の家に比べて裕福であった。

就職を考える年齢になった時に、他の仕事に就くよりも稼げるのだったら「このまま続けてもいいか」と、軽い気持ちで仕事を続けることを決めた。十七歳の夏からアルバイトを始めていたので、仕事の要領も心得ていた。まだ若い時分であったから、おしゃれも遊びも楽しみたかった。そのためにはお金を稼ぎたかった。

運命とは数奇なもので、紆余曲折を経て石田は、好きでもない会社の社長に就任する。そして子供時代からの孤独は、さらにその強さを増していった。

第4章　運命の同志との出逢い、しかし最悪の結末

人材がいない！

再び、石田の頭を悩ます事態が起こった。仕事が多忙を極め、現場業務と事務業務が手に負えなくなってきた。

事務が分かる者が他におらず、その穴を埋めることになった石田は、それから毎晩、社員がいなくなった事務所に一人残って、遅くまで事務仕事をすることになった。限られた人数で仕事を回しているので、社員に新たな仕事を覚えるように、とは言いづらい状況であった。かと言って、石田の仕事を手分けして他の社員に教える時間もなかった。結局、石田が自分の仕事をこなしつつ、事務の仕事を行う、という流れで社内は落ち着いた。

しかし、石田も日中は目一杯忙しい。朝から出掛けて、会社に戻るのが夜の十時や十一時

になることもあり、そこから事務仕事を始めると、ひどい時は帰宅するのが夜中になることもあった。これが毎日続くとなると、石田は疲労困憊であった。

さすがに早く事務を任せられる人材を見つけないと、石田の体が壊れてしまう。方々の知り合いに「事務が出来る人材がいたら紹介して欲しい」と頼んでいるのだが、なかなかいい情報が入ってこない。

今日もいつものように誰もいない会社に戻り、疲れた体に鞭打って事務仕事を行っていた。時計を見ると既に十一時を回っていた。もうこんな時間か、とため息をついた。昨日も同じような時間になって、切り上げて帰ったのだ。今日の石田は殊の外、疲れていた。これから家に帰って食事を摂る気も起こらない。会社に戻る途中に立ち寄ったコンビニで買った缶コーヒーを開け、一息ついた。少しだけ開けた窓から入る夜風が気持ちいい。このまま少し休みたい気分であった。

ああ、こんなことがいつまで続くのか、と思いながら椅子にもたれかかり目を閉じると、携帯電話にメールの着信があった。石田は携帯電話を手に取り書かれた文面を読んで、少し気分が戻った。待望の人材が見つかったという。それは心待ちにしていた、とてもいい知らせであった。

石田は喜びで逸る気持ちを抑えながらメールの返信を入れた。早速明日、時間を取って会いに行くことを伝えた。知人とメールのやり取りを終えて、元気が出た石田は、再び事務の仕事に戻った。

運命の同志との出逢い

翌朝。石田は身支度を始めた。髪を整え、鏡の前で入念に身なりを確認した。紹介された大切な人材に会いに行くのに、心が引き締まった。石田が初めて自らの足を運んで採用することになるかもしれない人物だ。

紹介された人物は、石田の会社と比較的近い場所にある同業者の施設出入口でガードマンとして働いているという。知人の話によると、昼休みであれば時間が取れる、ということであった。今日訪ねることは、知人を介して伝えてもらっている。指定の時間に合わせて車を走らせた。石田は、何を伝えれば相手の心に響き、うちに来てくれると言ってもらえるだろうか、とそんな思いを巡らせながらハンドルを握っていた。

石田が相手の勤務先に到着すると、一人の制服姿の男性が、すでに出入口付近に立っていた。石田はそれを見つけて車を降りると、すぐさまその人物に向かって小走りで駆け寄った。

「あの、丸山さんでしょうか？」

石田はおずおずと、その男性に声を掛けた。

「はい、丸山です。石田さんですか？　今日はお忙しいところ、わざわざお越し頂き、有難うございます」

日に焼けた顔に笑顔を浮かべ、丸山は丁寧に頭を下げた。石田は丸山の顔を見た瞬間、実直で信用できそうな人物、という印象を持った。

石田は名刺交換をした後、立ち話であったがさっそく丸山に本題を切り出した。石田が窮している現状も正直に話した。丸山はもともと東京の大手産業廃棄物処理会社で事務を執っていた経験者であった。石田は探し求めていた人材である丸山に、是非とも来て欲しかった。石田は懸命に自社のアピールをした。丸山は相槌を打ちながら、真剣に話を聞いてくれた。石田は話をしながら、丸山がどう思っているのか気になっていた。

「私もこれまで産廃業の仕事に携わって、この仕事は面白いと思っていました。どこかでまたこの仕事に関わりたい、と思い探していたところです」

石田の話をひと通り聞いた後に、丸山は答えた。

「是非、うちの会社に来て力を貸してもらえませんか」

石田は必死に頭を下げた。

「あ、頭を上げてください。私でお力になれるのであれば、こちらこそ宜しくお願いします」

と丸山も頭を下げた。

「有難うございます」

石田は思わず丸山の手を握って、固く握手した。


入社した丸山は、石田が思っていた以上に仕事をやってくれた。業界経験者の丸山は仕事が早く、しかも精通している。詳しい指示を出さなくても、石田の意図することを汲み取って迅速に対応してくれる。だから本当に助かった。さすが、と石田は丸山に信頼を寄せた。

石田は丸山がよくやってくれるので、つい丸山に頼ってしまう。丸山もまた、石田の依頼はどんなに忙しくとも断らずに引き受けてやってくれた。

誰も仲間がいなく孤独に苛まれていた石田に灯った一筋の光明だった。

しかし、神は石田に更なる試練を用意していた。いや、正確に言うなら神などと言うものではない、石田自身の心根が起こす問題なのだった。

救いの神のはずが、一転

石田にとって、丸山はなくてはならない存在であったのだが、その良好だと思われた関係が徐々に崩れて行く。

丸山が入ってから数ヵ月。石田は、些細なことが気になりだした。丸山は石田に言われたことしかやらないのである。

丸山は現場を経験することもなく、いきなり実質ナンバー２というポジションで仕事に就いたので現場の社員たちとのコミュニケーションが不十分であるのに、あれこれ指示を出すことになる。社員たちとの、あうんの信頼関係がなかなか生まれなかった。

さらに石田の指示が丸山を通すと、なんだか余分な心配からか尾ひれがついて違う意味になっていることが度々あった。

更には、石田の心に変化が現れた。

丸山に話があります、と言われて話を聞き始めると、「あんなことがありました、こんなことがありました、これは改善しないと……」とただ問題ばかりを並べているようにしか聞こえない。丸山の話がとても長く感じた。だから何が言いたいんだ、という気持ちが沸き起こり、徐々に聞くのも辟易するようになってきた。

「社長」と丸山に声を掛けられるとつい、身構えてしまう。石田は、勘弁してくれ、と丸山を避けるようになった。

そうなってしまってからは、いくら丸山が話をしようとしても、石田は真剣には取り合わなかった。丸山と予定していたミーティングをすっぽかすこともあった。丸山がいつも愚痴を言っていると思い込んでいた。愚痴に付き合う暇なんてない、と避けることが最善策だと思っていた。この状態から、もう元には戻れなくなっていた。石田は丸山と接するのは仕事の指示だけになった。

ついに石田は自ら足を運び、頭を下げて来てもらった丸山との関係までも、亀裂を生じてしまった。その溝が埋まることはなかった。

「なんで、こうなるんだ」

石田は頭を抱えた。

しかし、石田がその原因が自分の中にあることに気付く時が、もう少しに迫っていた。

第5章 長く暗いトンネルの先に小さな灯りが見える？

暗闇に待ち望んでいた一筋の光

石田は仕事の用件で取引先に伺うと、そこで働く社員たちが、活き活きと仕事をしている光景に出くわすことがある。先方の社員が笑顔でいらっしゃいませ、と迎えてくれたり、すれ違いざまにもきちんと挨拶をしてくれたりもする。当たり前のことかもしれないが、それを見ると社内の人間関係が上手くいっているように思えて、つい羨望の眼差しで見てしまう。

（どうしてうちの会社はあんなにギスギスしているのだろう？　どうせ、うちの社員は何を言ってもダメだからな。結局は、俺がひとりで頑張ればいいんだ……）

石田はこうしていつも半ば諦めのように結論付けてしまう。悩みの根本であろう、石田対社員たちという問題をどのように解決していけばいいのか、当時の石田にはまだわかっていなかった。

この頃の石田は、長くて暗いトンネルに入り込んでしまったような感覚に陥っていた。行けども行けども、出口へ通じる光は見えない。真っ暗闇の中、手探りで歩を進める石田は、いったいどこに向かおうとしているのか、自分でもまったく分からない。

石田の気持ちは一時的に会社売却へと揺らいだ。「会社を売却して嫌な社員たちとおさらばする」と決断し、手放すのは簡単だ。しかしこの決断が是なのか、否なのか一向に答えが見出せない。心を開いて相談できる相手もおらず、広い世界の中でただ一人、ぽつんと取り残されているかのようだった。

日々に流されながら、次第に仕事への情熱も失いかけていた石田は、何をどうすべきかを誰かに指し示して欲しい、そんな心境であった。解決の道を探ろうと自己啓発本を読み、セミナーにも行ってみたが、期待できる答えは見つからない。

そんな精神的に苦しい日々を長い間送っていた石田に、光明を照らす話が舞い込んできた。

山崎文栄堂の山崎登社長に、ある経営者勉強会に誘われたのである。山崎文栄堂は、東京の渋谷区でオフィス用品販売会社を営む会社だ。山崎社長は三代目で、二十六歳で社長に就任して、現在も活躍されている。

かつての山崎社長は、「売上を上げろ！　ライバルとの競争に勝ち抜け！」と数字をどこまでも追いかけ、〝会社の成長こそがみんなの喜びにつながる〟、と生き残るために戦い、攻め続ける営業を展開し、二十年もの間、ひたすら業績を伸ばし続けてきた。アスクル新規開拓売上日本一を達成するほどの実績もあった。

しかし、輝かしい会社の軌跡の反面、業績が伸びる一方で人がどんどん辞めてしまう、という苦しい状況に陥っていた。

これは何かが間違っている、と悩んでいる時に山崎社長は、この経営者勉強会に出会ったという。勉強会に飛び込んでみると、これまでの社員との関り方が誤っていたことに気が付いた。それからは社員とも本音で語れるようになったというのである。

山崎社長から話を聞きながら、石田は心の中で期待できるかもしれない、という感覚が芽生えた。苦難を実際に乗り越えた本人が言うのであれば、いい研修で間違いなく為になると思い、話が終わるや否や即答した。

「行きます！　その勉強会に参加させてください」

迷っている暇はなかった。人生の迷路に嵌っていた石田は、自分の直感を信じてみようと思った。

メンターとの出逢い

石田はその日、朝から都内のベイサイド近くのオフィスビルに来ていた。先日誘われた、経営者向け勉強会に参加するためである。勉強会はビルの一〇階で行われる。いま石田が立つセミナールームの窓からは、穏やかな東京湾が拡がっているのが見えた。スカイツリー、東京タワー、レインボーブリッジも視界に捉えることが出来た。

太陽の光でキラキラと輝く海を久し振りに眺めて、いつもは、モヤモヤと霧が掛かっている心の中も、まるで晴れ渡って行くようだ。何年振りだろうか。石田の心は随分と長い間忘れていた、心の落ち着きを取り戻していた。この景色を目に出来ただけでも、今日ここに来て良かった、と思った。

(こんな素晴らしく眺めのいい場所で、いったいどんな人が、どんなことを教えてくれるんだろう)

石田の胸は、期待に高鳴っていた。

開始までの時間を石田は着席して待つことにした。他の参加者を見ると、なんだか打ち解けて肩を叩き合って談笑などしている。

「あ、初めての参加ですね、宜しくお願いします。私はもうこの会、長いんですが、初めての方は大歓迎ですよ」

妙に人懐こい笑顔で、石田に声を掛ける経営者もいた。石田は咄嗟に作り笑いでその場を取り繕ったが、異業種の社長たちが垣根を越えて、みんながまるで仲間同士のように親しげに会話をしている光景に、頭の中が混乱していた。

かつて参加したことのある異業種の社長たちが集まる勉強会は、みんな堅苦しい挨拶と名刺交換をし、つまらない社交辞令的な会話を繰り広げ、自分に役立つ相手かどうかを品定めしているようなものだった。

（ここは一体……）

石田は、ただの勉強会ではないような雰囲気を感じた。そこにひとりの女性がセミナールームに現れた。

「みなさん、おはようございます。初めての方もいますね？　講師の仲村恵子と申します」

出席者の顔をひとりひとり見渡しながら、優しそうな笑顔でそう挨拶をする仲村恵子さんは、知的で穏やかな雰囲気を漂わせていた。柔和な語り口調と笑顔が印象的な女性である。

石田はその雰囲気に、内心ほっとした。

これが、これからの石田の人生を大きくシフトさせるメンター、恵子さんとの最初の出会いであった。


恵子さんの勉強会は、これまでの常識が覆されるような内容であった。人と人の違いやコミュニケーションをいろんな側面から紐解いていく。

石田ははじめて聞く話に耳を疑った。

(人と人の違い？　コミュニケーション？)

これまでさほど重視していなかった話に、初めは半信半疑であった。とは言っても、知らない新しい世界の扉が開いて行くのは楽しかった。


勉強会が終わったのは夕方であった。石田は久し振りに仕事以外のことに頭を使って疲れたが、充実した気分であった。帰り支度をしていると、誰かに後ろから肩をポン、と叩かれた。誰だろう、と振り返るとこの勉強会に誘ってくれた山崎社長であった。

「石田さん、勉強会どうでした？　そうだ、この後少しでいいので時間ありませんか？　感想も聞きたいのでちょっと話をしましょうよ」

石田は休んだ会社のことがチラッと頭を掠めたが、一息つきたかったし、たまにはいいか、と山崎社長の誘いを受けることにして、後をついて行った。

悩んでいるのは自分だけじゃない

入った店はチェーン店のカフェであった。夕方なので、学生らしき若者のグループやサラリーマン風の男性らが打ち合わせをしている姿もあった。店内は喧騒に包まれていた。

「実はね、石田さんを無理に誘ってしまったかな、と気になっていたのだけど。でも、他のセミナーとは違って、ここの勉強会はすごくいいものだし、このまま続ければ、絶対に驚くような未来が待っているから。僕も参加して、実際に変わったのには本当に自分でも驚いているんだ。そうそう、この勉強会に来ている人たちは……」

山崎社長は、勉強会について石田に補足してくれた。

この経営者向け勉強会に参加しているのは、石田のように社員との関わりが上手くいかずに悩んでいる経営者や、人材が定着しない、いい人材を確保できない、親から継承した会社をどう舵取りして行けばいいかわからない、などといった様々な悩みを抱えた経営者や幹部たちで、そんな悩める者たちが、全国から恵子さんの元に多数集まって来ている、と山崎社長は教えてくれた。

石田はそれを聞いて驚いた。東京近郊ならいざ知らず、全国から経営者が集まるなんて、恵子さんとはいったい何者なんだろう、そんな疑問が湧いて来た。石田のそんな疑問に気付いたのか、山崎社長は恵子さんの話をしてくれた。

「恵子さんも、二十代の頃は僕らと同じように会社を経営していたんだ。バリバリと仕事をこなすキャリアウーマンだったらしいよ。会社の経営は順調だったそうだ。面白いように会社は伸びて行き、利益もどんどん上がって行った。でも、金銭面でいくら豊かになっても全然幸せじゃなかったそうだ。やっても、やっても、……という日々が続いたらしい。そして突然、順調だった会社を手放したんだ」

そこまで聞いて石田は、一瞬ドキッとした。自分も自社の売却について悩み、未だ結論を出せずにいたので、心がつい反応してしまったのだ。

「それからがすごいんだけど、世界中のメンターを巡って勉強するために歩いたんだ。それも一年、二年とかの単位じゃない。二十年以上だよ」

山崎社長が言うには、恵子さんは、時にはとんでもない場所まで訪れたそうだ。ヒマラヤの奥地、北極までも。このメンターはすごい、という情報を耳にすれば世界中のどこにでも学びに出掛けた。ジャンルは問わず、経営学、心理学、言語学など、あらゆる分野を研究し続け、学びを自分のものに落とし込んで行った。更に教えられる内容にまで体系化し、こうして勉強会を主宰している、ということである。

石田は山崎社長が言う、恵子さんが世界中を巡って学び歩いたことと、それも二十年以上という月日に、驚きを隠せなかった。

「こんな話を聞くと、なんだか難しいことのように聞こえるかもしれないけど、勉強会の理解のレベルも人によって違う。気づきを得る部分は人それぞれだし、早いからいいとか遅いからダメ、ということじゃない。みんな、自分のペースで学びを得て、そして気づきながら少しずつ変わって行くんだ。まずは焦らずに、とにかく続けてみてよ」

山崎社長は石田に、にっこりと微笑みながらそう告げた。

石田はここまでの山崎社長の話を聞いて、この勉強会はかつて自分が参加して来たようなセミナーとは明らかに違う、ということを理解出来た。全国から自分と同じような悩みを持った経営者が多く参加して、答えを見出しているのであれば、自分もその中に加われば答えを見つけられるかもしれない、と期待を込めた。

「山崎社長、今日は有難うございます。色々お話を伺って、お陰様でこれまで参加して来たセミナーとは違うものだと理解出来ました。暫く勉強会に続けて通ってみようと思います」

石田は歩んできた暗いトンネルの先に、漸くほんの小さな灯りが見えそうな気がしていた。

第6章　失いかけたものを取り戻す

第2話　株式会社ＩＳＨＩＤＡ

はじめての相談

石田は勉強会に参加した時に、丸山との関係を恵子さんに相談してみようと考えた。会社を良くするためには一人の力ではどうしようもない。ワンチームをつくる為に必要なコアメンバーとして、まず丸山としっかり向き合いたかった。丸山との関係が会社の状況の中で一番重要だったからだ。

勉強会が終わりセミナールームを出ようとしていた恵子さんを捉まえようと、石田は急いで後を追って声を掛けた。

「相談したいことがあるんです」

恵子さんは悩んだような顔の石田を見て、頷くと再びセミナールームに戻ってくれた。

「では、話を聞きましょうか」

と快く時間を取ってくれた。

勉強会が終わって、誰もいなくなった部屋に残った二人は、適当な席に向かい合って座った。石田は恵子さんに丸山とこじれてしまった経緯を知ってもらおうと、これまでのいきさつを思いつくままに話し始めた。

知人から紹介を受けた丸山に、自ら足を運んで会いに行き直接話をしたこと。その際、会社が窮している現状を正直に伝えて、頭を下げて会社に来てもらったこと。丸山が産廃業界の事務経験者だったので、安心して仕事を任せられたこと。石田は丸山を心から頼りにしていたこと。石田が少しずつ丸山を疎ましく感じ、避け始めたこと。その後は、丸山との関係に亀裂が入り、その状態が今日まで続いていること……。

恵子さんは石田の話を、ところどころ確認しつつ、時に相槌を打ちながら、静かに耳を傾けてくれていた。石田は思いつく丸山との出来事を恵子さんに伝え終えると、気持ちがひどく落ち込んだ。

（どうして丸山とこんな風になってしまったのだろう……）

石田の心の中はそればかりを反芻していた。

その様子を見ていた恵子さんが、口を開いた。

「洋兄はどうして、丸山さんを疎ましく感じたのかしら？」

話を聞き終わった恵子さんが、そう優しく問いかけた。

恵子さんは親しみを込めて石田のことを、名前から取ったニックネームで呼んでいる。

「どうしてって、いつもああだ、こうだと報告や相談と言っていても、聞いてみれば長々と問題を挙げるばかりで、愚痴ってばかりなんですよ。それって、やりたくないからそんなこと並べ立てているだけじゃないですか。こっちは愚痴に付き合っている暇なんてないですよ。時間の無駄じゃないですか」

「でも、話を最後まできちんと聞いていないんじゃないかしら？」

「え？」

石田は恵子さんからの問いに、答えに詰まった。

思い起こすと、丸山の話はいつも愚痴だと決めつけて、きちんとした態度で最後まで聞いていない自分に気づいた。

恵子さんは、「よくあるケースね」とでもいいたそうに微笑んで、困った子供を見る先生のように続けた。

「コミュニケーションのやり方は人それぞれ。話し方ひとつとっても、もちろん違いがあるわよね。例えばだけど、洋兄のように端的に未来にむけて達成出来る事にフォーカスして物事を話す人もいれば、過去の事や今困っている問題を対処することにフォーカスして、詳細に話す人もいるよね。それぞれのパターンがあって自分と真逆の話し方をする人と出会うと、実は問題を解決しようと気になる事を話してくれているのに、まるで愚痴を言っているように聞こえるかもしれない。きっと、丸山さんは後者なんじゃないかしら？　でもそれは、能力が低いわけではなくて、自分の中で確認しながら話をしているの。会社の為を思ってくれているのよ」

石田は、自分と他人は違うという、そんな当たり前なことに改めて気づいた。

「まずは丸山さんの話をじっくり聞いてみるところから始めてみたらどうかしら？　そんな単純なことからでいいのよ。そうね、出来るなら仕事の話に終始しないで済むように、食事でも一緒にしてみるのはどう？」

「いや、それは……」

丸山との二人きりの食事を想像すると、石田は困惑した。照れくさいような、バツが悪いような……。決して嫌いではないのだが、なにを話していいやら想像も出来なかった。

（なんだよ、古女房みたいだな）

石田は小さく呟いた。

メンターからの忠告

「洋兄、よく聞いてね。もしこのまま丸山さんを避け続けたら……。辞めてしまうかもしれないよ。それでもいいならご自由にどうぞ」

石田は思い掛けない言葉に驚いて、恵子さんの顔を見た。

後で知ったのだが、恵子さんは本当に自分自身の心の声を聴いてほしかった、このままで良いのか解決したいのかを石田に問いたかったのだそうだ。

「私は社長が誰と一緒に仕事をするのか？　それは自分たちで決めれば良いと思っている。ただ悲しいことは、本当は一緒にいてほしい人と、コミュニケーションの仕方がわからず、別れてしまうこと。思いは同じなのに人の違いを学ぶチャンスがなくどうせ無理とあきらめてしまう事が多すぎる。人との違いについて学ぶ事は思いやりかもしれない。学べば学ぶほど世界が拡がって行くんだよ。これからの時代を乗り越えていくには、ますます仲間との絆が業績と直結してくる重要な鍵になるんだよ。

そういえば洋兄をここへ繋いでくれた、山崎文栄堂の山ちゃんはまさしくそうだった。一人ぼっちの孤独の日々から、社員が仲間になり楽しく成功出来る日が来るなんて最初は信じられなかったと思う。だからこそ何とか洋兄に気づいてほしいと願っているのよ」

恵子さんはさらに続けた。

「丸山さんは本当に会社の役に立ちたいと思っているんじゃないかな。でもなぜか話せば話すほど、思いとは裏腹に社長が不機嫌になっていく。お互いに、解決法は避けるか、あきらめるしかないと思っているのかな」

石田は恵子さんの話に黙って耳を傾けていた。恵子さんの声は心なしか寂しそうに聞こえた。

「そしてもうどうしようもないと最後にあきらめたとき、社員は辞めるという選択が残されている。このままでは、自分の存在そのものがここにいるべきではない、私は必要ではないと闇にのまれ、そして唯一退職こそがお互いが助かる方法なんだと思うかもしれないのだから」

恵子さんの言葉に石田はかなりの衝撃を受けた。丸山との関係修復を急がなければならない、と石田の心は焦った。

はじめの一歩

あの日から石田は、丸山を食事に誘おうにも、どういうきっかけで、どんな顔をして話を持ち掛ければいいのか、今更ながら決まりが悪い、と考えていた。

恵子さんに相談してから、会社で丸山と顔を合わせても、切り出そうにも上手い言葉がまったく思い浮かばない。それに丸山はいつも忙しそうにしている。石田が思い切って丸山に声を掛けようと、自席から顔を上げると席を外してしまうなど、タイミングが悪い。

結局石田はこれまでのように、丸山とは仕事の指示だけしか口を利けない、という日々を過ごしていた。

(思うように上手くいかないものだな)

石田は俺らしくもない、と思いながらも悶々と考える日が続く。

ある日石田は、丸山が部下に向かって一生懸命に仕事の説明をしている姿が目に入った。何気なく目にした事務所内でのいつもの光景なのだが、それを見て、はたと気がついた。その様子に、丸山はただ必死に伝えたいだけなんじゃないか、そんなことを石田は閃いた。

これまで自分の未熟さで丸山の話は長い、と感じていたが丸山は伝えたい情熱が多いだけなんだ。そうだったのじゃないか、と石田はこの時、突然悟った。

（丸山は伝えたい事で一杯なのだ。なんで今まで気がつかなかったんだろう）

そう思うと、自分の思い込みで今日まで丸山を疎ましく思い、遠ざけていた自分の態度を一層反省した。

（やっぱり、時間を取って丸山と話をしてみないとな。仕事が終わった後にでも、社外で食事をしながらミーティングをすれば、お互い心が開けるかもしれない）


その日の夕方、チャンスが訪れた。ちょうど事務所で二人きりになったのだ。

石田は意を決して、丸山に声を掛けた。

「丸山さん。ちょっと、いいかな」

石田は平静を装いながら丸山に声を掛けたつもりだが、いつもより声が上ずってしまった。

「は、はい……」

声を掛けられた丸山は石田の元にやって来た。その様子は、一体何事か、という訝しげな態度に見えた。

「急な提案かもしれないけど、二人でミーティングをやろうと思いついたんだ。仕事が終わってから飯でも食べながらさ。どうだろうか？」

石田は僅かに顔が強張っているのを感じながら、丸山に提案してみた。丸山は石田からの思いもよらない突然の申し出に、一瞬事態を呑み込めないような不可解な顔をしたが、その後に、信じられないという驚きと嬉しさを入り混ぜたような表情に変わった。

「え、ええ。まあ、いいですけど……」

丸山は明らかに照れ隠しと見て取れる、素っ気ない答えを返してきた。そんな丸山を見て、石田の顔も久し振りに緩み、緊張が解けた。

「じゃあ今日、仕事終わってから」

「何か準備するものはありますか？」

「任せるよ」

「わかりました」

意外とスムーズに伝えることが出来て、石田は安堵した。そしてミーティングがどんなものになるのか、とても楽しみであった。

向き合ってみて、わかったこと

石田は丸山と初めて食事を伴うミーティングの場所に、自分の行きつけの隠れ家的な店を選んだ。場所は、川口駅から五分ほど離れた、細い路地を入った建物の二階に店を構える串揚げ屋である。店の中はカウンター席があり、さほど広くない。店主は気さくな人物で、店の雰囲気もアットホームだ。そして料理も美味しかった。石田のお気に入りの店のひとつである。

今日は腰を据えて話をするつもりだったので、ここなら気兼ねなくゆっくりと会話が出来る、とこの店を選んだ。

二人はカウンター席に並んで腰かけた。思い起こせば石田は丸山と仕事を始めた頃、食事を共にしながら会社の未来を語れたらいいな、と考えていたことを思い出した。丸山がお酒を飲まないので、酒席に誘うのをためらってしまい、実現できなかったのだが……。実現するまで、随分時間がかかってしまったな、と石田は思った。

「じゃ、気楽に始めるか」

石田は丸山に声を掛けた。

「はい。では、さっそく」

そう言うと丸山は、カウンターに持参してきた資料を広げ始めた。

丸山は第一回目のミーティングということもあって、準備してきたようだ。手始めに当たり障りのない仕事の確認作業をひとつひとつ始め、石田の様子を窺っているようにも見えた。

石田もそれに合わせてひとつひとつ答えていった。丸山の話に対して途中で口を挟みたくなるのを我慢しながら、最後まで話を聞いてから意見を伝えるようにした。お互いが腹を探るように、どこかぎこちない雰囲気でミーティングが行われていった。

店主はこの様子を見て、まだ時間が掛かると察したのか、お茶を淹れてくれた。

石田はそれを申し訳なく感じた。カウンターにこんなに資料を広げて、迷惑をかけているんじゃないかと思い、段々イライラし始めた。石田の悪い癖が顔を出し始めそうになった時、店主が石田に話し掛けて来た。

「石田さん、いい部下をお持ちですね。こんなに仕事熱心でうらやましいですよ。あ、すみません、余計なことを言って。邪魔しちゃいましたね」

するとと丸山が店主に答えた。

「こちらこそ、申し訳ありません。こんなに資料を広げて長々と話し込んでしまって……。私は会社が好きで、この仕事が好きなんです。そして微力ながらも、産廃業界が良くなって行くことに繋がっていったら、と考えています。社会にとって、なくてはならない仕事ですから。報告も、もう少しで終わりますから。もう少しだけ、すみません」

そう言って丸山は、急いで資料の続きを話し出し、店主は感心しながら一礼し、厨房に戻って行った。

石田はこの席で初めて丸山の気持ちを耳にして驚いた。まさか、こんな形で知るとは思いもしなかった。丸山が会社を思い、業界までも良くしていこうと考えながら仕事をしてくれていることがよく分かった。はじめて丸山の思いを知った石田は、これまで完全に誤解していたことに気がついた。

(恵子さんのアドバイスがなかったら、ずっと丸山を誤解したままだった……)

石田は恵子さんの助言に、心から感謝した。

そして石田は、これまでどんなに忙しくても頼んだ仕事を断ることなく、いつも真摯な態度で懸命に取り組んでくれる丸山の姿を思い返していた。

仕事が出来るとばかりに、かなりの量の事務仕事を丸山に頼んだこともあった。石田が通っている勉強会の資料作りも、業務とは関係ないのに仕事が終わってから手伝ってくれることもあった。石田が困っているといつも手を差し伸べてくれた。いつも遅くまで残って頑張ってくれていた。それなのに、俺は……。

「丸山さん。これまで、ごめんな」

石田の口から自然と言葉が出た。素直に申し訳ない、という思いから出た言葉だった。

丸山は資料から目を離して報告するのを止め、驚いたように石田を見た。

「社長……」

そう言うと丸山は口を閉ざしてしまった。石田は黙ってそんな丸山の様子を見守っていた。

暫しの沈黙があったが、石田は気にならなかった。

「社長、こちらこそ至らない点があったかもしれません。これからも宜しくお願いします」

閉ざした口を開いた丸山が、石田に頭を下げた。石田は、丸山と離れていた心の距離が少しでも近づくことが出来たのを感じ、嬉しくなって微笑んだ。

その様子を見ていた店主が、恐る恐る口を挟んだ。

「あのー、石田さん。お料理をお出しして宜しい時は、おっしゃってくださいね」

それを聞いて、石田と丸山は同じタイミングで笑った。

「ごめん、ごめん。腹も減って来たから、もういいよ。どんどん出して」

この日、初めは手探りでぎこちなく始まった会話も、食事が始まると少しずつ弾んでいった。

「社長、ここは串揚げももちろん美味しいですが、他の料理も美味しいですね」

「そうだろ？　お気に入りの店のひとつなんだ」

石田は、選んだ店が褒められて嬉しかった。すると店主も、厨房から嬉しそうに頭を下げるのが見えた。

少しお酒が入り、気分も軽くなった石田は、丸山にあることを打ち明ける気持ちになった。

絆を取り戻した石田（左）と丸山（右）

「実はさ、丸山さんがうちに来てくれた頃に思っていたことがあったんだ」

「はい、何でしょうか？」

丸山は箸を置き、改まって体を石田に向けた。

「そんな、改まって聞くようなことじゃないよー」

石田は恥ずかしいからやめてくれ、と言わんばかりに丸山に手を振った。

「いつかこうやって丸山さんと飯を食べながら、会社の未来について話ができたらいいな、って考えていたことを思い出したんだ」

丸山は黙って石田の話に耳を傾けていた。

「今日は丸山さんと初めてこういった形でミーティングをやってよかった、と心から思った。これからも続けるつもりだから、気づいたことをどんどん話し合って行こう」

丸山は石田の言葉に、嬉しそうにただ頷くばかかりであった。

　こうして時間が経過するにつれ、お互いのわだかまりを解消することが出来た。石田は、丸山との関係を失わずに済んだことに心から安堵した。

第7章 過去の自分と向き合い、見えたもの

変化し始めた心

「おはようございます。社長、昨日はお疲れ様でした」

「おはよう」

石田は翌朝、会社で丸山と顔を合わせると、にこやかに挨拶を交わした。一般的な日常のごく当たり前の光景なのだが、これまでの二人は目も合わすことなく挨拶を交わしていたのだ。長いこと続いていた冷ややかな雰囲気から一転、和やかに挨拶を交わす二人の様子を見て、朝礼のために集まっていた社員たちが目を丸くして、あからさまに驚いているのが石田の視界に入った。

(まあ、驚かれるのも無理はないか)

石田は苦笑しながらも、これまでとは違って社員たちのそんな様子に気分を害することもなく、穏やかな気持ちで一日のスタートを切っていた。

（恵子さんに丸山との件を早く報告したいな）

石田は恵子さんに報告するのが楽しみであった。


「恵子さん」

「洋兄、どうしたの？　嬉しそうな顔をして。何かあった？」

「丸山と話が出来ました！　俺、丸山のことをずっと誤解していたみたいです」

「それは、よかったじゃない」

恵子さんの嬉しそうな声が返ってきた。

「これで洋兄の中でひとつ前進できたわね。これからも『話を聞くこと』を心掛けて。相手を思う心があっても、行動であらわさないと伝わらないからね」

「はい。忘れないように心掛けます」

石田は恵子さんにそう言われて、嬉しい報告が出来たことに内心ほっとした。

「そうだよな。まずは『話を聞くこと』、だよな……」

石田は丸山とのミーティングを思い返していた。すると、他の社員たちとも近いうちに雑談でもいいから話をしてみようと思いついた。丸山と同じように、それぞれが持つ仕事に対する思いを聞いてみたいという気持ちに至ったからだ。この心境になれたことが、石田の心の問題を一つクリアするきっかけとなった。

それからの石田は、社員たちの話を聞く姿勢をできるだけ持つように心掛けていった。石田はこれまで会話をするにしても、一方的なところがあったのかもしれない。それを改めると共に、出来るだけ会話の中に相手の名前を入れながら話すようにも意識してみた。

社員たちはそんな石田の変化に驚いていた。石田をどこか怪しんでいるような雰囲気もあった。当の石田は、これまでの勉強会の成果を上手く引き出せずにいたのを、ようやく発揮し始めただけなのであるが……。

たまに、イラっとする石田の心の悪いクセが顔を出しそうになることもあったが、そこはぐっとこらえて、話を聞くように努力していった。会話の中でも相手の名前を呼んでみると、社員たちとの関わり方がこれまでとは違ってきたのを感じた。いい雰囲気に変わり始めた、と自分の中でも手ごたえを感じるようになってきた。

それに伴ってか、勉強会の方も参加する度に、更に面白くなって行った。

石田はもうひとつ、自分の心の扉をこじ開けようと、自分の内面を深く見つめるために内省内観の統合ワークに参加しようと心に決めていた。

このワークは、「自分の行動を制限する心は、過去のどんな体験から起こるのか」を探るところから始まる。やりたいことを阻むものを知るために、自分の内側をひとつひとつベールを剝ぐように深く掘り下げながら自分自身を見つめて行く。すると、心の奥底にしまい込んで忘れていた過去の記憶が、どんどん思い起こされるのだ。

石田はこれまで二回、このワークを行ったことがある。だが、いずれも「こんなことで変わるはずがない」と、沸き起こる感情や記憶を認めることが出来なかった。

いや、自分を直視するのが怖かったのかもしれない。その時に次々に沸き起こって来る記憶を「これは本当か？」「そんなこと、わかるはずがない」と否定しまくって、さっぱり集中することが出来なかった。

近頃は社員たちとの関わり方に、少しずついい変化が現れ始めたので、石田は自分を更に成長されるために、自分自身の探求を再びやってみよう、という気持ちになったのである。

どんな自分と対面できるか。それはやってみないと分からないが、過去の自分と対峙することで次へのステップにしよう、と考えていた。

仕事が忙しいなどの理由で自分に制限をかけてしまい、意欲が失われるのは避けたかった。

「やるのは今。このタイミングしかない」そんな強い気持ちがあるうちに、自分の内面と向き合いたかった。

過去の自分との対面

石田が参加する統合ワークがいよいよ始まる。

統合ワークが行われるセミナールームには大きな窓があり、中に入るとそこからは海を望むことが出来た。一人ひとり間隔をあけて着席出来るよう、既に席が用意されていた。石田は窓に近い最前列に着席した。

（今回はどんなことでもいいから内なる自分と、とにかく向き合ってみよう）

石田が今回取り組むのは、「過去の統合」だ。

まず、導きにしたがって自分が気になっていることを用紙に書き出して行くのだが、これがスラスラと出るわけでなく、なかなか時間がかかる。頭を悩ませながら絞り出し、それを拾いながら書いていくと、ネガティブな言葉ばかりが並んでいた。

この作業だけでもしんどいのだが、それを現状の行動から見つめて行き、内観が始まっていく。それは途方もない作業だ。集中し続けるのでエネルギーを消耗し、とても疲れる。

石田は浮かんだワードを元に、掘り下げる作業は上手く進まない。

どんどん掘り下げて行くと原点となる過去へと繋がって行くらしいのだが、前回までの石田は受け入れられなかったので、それはまだ体験出来ていない。

石田は少し頭を休めようと、書いている手を止めて、眼前の窓の向こうの景色を暫し眺めていた。穏やかに広がる海に心が癒やされるようだった。

「洋兄、どんな感じ？」

恵子さんがぼんやりと外を眺めている石田に声を掛けた。

「あ、はい。日頃気になっていることに関連する過去はあるはずなんですけど、なかなか思うように出てこなくて……。頭がオーバーヒートしそうなので、ちょっと休憩していました」

石田は苦心していることを、恵子さんに伝えた。

恵子さんは微笑みながら、ゆっくりと頷いた。その様はまるで、わかるわ、と同意してくれているようだった。

「統合ワークは、今の自分にとって制限となる考え方をつくった原体験を、まるで他人事のように正しく観て、そこから気づきや学びを得ることで、人生の土台となる考え方をシフトしていくこと。ただありのままの自分を見つめればいいということではないの。自分と真摯に向き合うことによって、得られるものがあるのよ。これ、ヒントになるかしら？」

恵子さんは石田にそうアドバイスすると、他の参加者のところに行ってしまった。

（ありのままの自分を見つめることではなく、自分と真摯に向き合う？　それはどういうことだ？）

恵子さんの言葉の真意がわからず、石田はこの日のワークが終わるまで、ますます頭を悩ませることになった。


この日、初めて顔を合わせる参加者もいた。

お互い名前は名乗ったものの、石田は相手に関心がなく、名前を聞き留めようとしなかった。ワークを完成させることで頭が一杯、というのもあって、そこまで気が回らなかったのもあった。

石田は昔から人付き合いを「会社」「家族」「友達」などとカテゴリーに分ける習性があった。そしてカテゴリー別に人との付き合い方を変えていた。「会社」の付き合いから「友達」にはなり得ない。そこはきっちりと線引きされていた。

勉強会に参加するようになって、そういった付き合い方を改めなければ……、と思っているのだが、長年の人との付き合い方が身に染みているので、なかなか改善できない。他の参加者のように、簡単には打ち解けられないのだ。

そういうこともあり、同じワークの参加者とはいえ、初対面の人と打ち解けるのが面倒で苦手に感じているところもあった。

「石田さんは、このワークに何度か参加されているんですか？」

休憩時間に石田にフランクに話しかける人がいた。

「……今回で三回目です」

この人が話好きだと面倒だ、と内心思っているが、それを悟られないように石田は答える。

「そうなんですか！　私は今回初参加なんですよ。上手く出来るかと不安ばかりでした。一生懸命自分に集中したのですが、雑念のようなものばかりが浮かびましてね。そこからどう自分を掘り下げていけばいいのか。なかなか難しいものですね。既にもう、へとへとですよ」

それを聞いて石田は苦笑いをしながら思わず反応した。

「ああ、わかります。私も前回までは上手く行かなかったんです。『これは本当か？』と疑ってばかりいて……」

石田は過去の自分の体験を告白した。

「そうだったんですか。ここに参加されている皆さんは、すんなりと出来ていらっしゃる方ばかりと思っていたので、それを聞いて安心しました」

その人は少し疲れが滲んでいた顔に、ぱっと笑顔が戻った。

「まあ、焦らずに。まだ時間はありますからね」

石田は自分自身にも言い聞かせるように、相手に語りかけた。

初めは面倒に思っていた相手との会話を、意外にも楽しんでいることに気がついた。

(社員たちの話が聞けるようになってから、初対面の人との会話も抵抗がなくなってきたのかな)

初めての感覚に自分の成長を感じられて、何だか嬉しかった。そういえば……と、喘息が良くなってから、少しずつでも同級生たちと同じことが出来るようになって嬉しかったな、と子供の頃の体験を思い出していた。

内省内観でゆっくりと過去の自分と向き合う

その夜、石田は夢を見た。
夢の中に現れたのは、幼少の頃の自分だ。真っ暗な闇の中に、幼い頃の自分が一人布団に包まって寝込んでいる。それは自分のいる場所だけに、まるでスポットライトを当てられているかのように見えた。

喘息の発作が出たのか、とても苦しそうに咳をしている。すると、家族揃ってテレビでも観ているのか、どこからか楽しそうな笑い声が聞こえて来た。石田が咳に苦しんでいるのが聞こえないのか、誰も来てくれない。

幼い石田は発作が不安なのか、一人でいるのが心細いのか、布団の中で咳込みながら泣いていた。

「なぜ誰も来てくれないの？　寂しいのに、誰も分かってくれない。僕だってみんなと一緒に居たいよぉ。こんな風に寝てばかりの僕なんて、お父さんやお母さんはきっといらないんだ。お姉ちゃんや弟さえいればいいんだ。僕なんて、僕なんて……」

石田は、幼少の頃の自分の声を聞いたような気がした。

そこで、はっ、と目が覚めた。

(なぜ、幼い頃の自分の夢なんて見たのだろう。昼間に子供の頃の体験を思い出したからか？……)

暫し夢の内容を思い出しながら、意味を考えていた。

まだ時間も早いので二度寝しようかとも考えたが、目が冴えて寝付けなくなった石田は、カーテンを開けると空が白み始めたのを見た。たまには気分転換に朝の散歩に出掛けてみるか、と思い立ち、準備を始めた。

朝の澄み切った空気をゆっくり吸い込みながら歩くと、かなりリフレッシュすることが出来た。朝が来たことを知らせるように、どこからか鳥のさえずりが聞こえてくる。その鳴き声も耳に心地よかった。

仕事に忙殺された毎日を送っていると、こんなスローな時間があることを忘れてしまう。時には、日々の喧騒から離れることも大切なのだと、教えられているように思えた。

夢で見た幼少の頃の自分。

あれは、なにか意味があるのか。この日の統合ワーク、深い心への旅が始まった。

石田は、夢の中で幼少の自分から受け取った「孤独」「誰もわかってくれない」というワードを用紙に書き加えた。今でこそ、社員たちとの関係性は良くなりつつある兆しが見え始めているが、ここの勉強会に参加する前までは、「孤独」を強く感じていた。このキーワードでやってみるか、と石田はワークに取り掛かって行った。

思い起こされるのは、会社で嫌な思いをしていることばかりだ。

(会社でアルバイトを始めた頃から、嫌な人間を沢山見てきたな。父親の悪口を言っている奴なんて何人いたんだろう？　そういえば、俺に対する嫌がらせもあったな。あの時は一気に半分の人間が辞めていった。信用出来ないのばかりだった。人なんて簡単にいなくなるものと思っていたけど……）

石田は気がついたことを、どんどん書き加えて行く。

あくる日も同じ作業を黙々と繰り返し、石田に見えたのは、人生はどうにもできない、と生きる意味を見出せず、苦悩した自分だった。幼少の頃に体験した病気が原因で、両親や姉弟にどこか遠慮してしまい、素直に甘えられないでいる自分がいた。それから「誰もわかってくれない」と決めてしまうクセがついた。その後は何でも、どうせ俺が……、と誰にも頼れずに一人で抱えてしまうことが多くなった。頼れないから、一人で歯を食いしばって頑張ってここまで来た。

石田は、あっ、と気がついた。

（俺は、子供の頃『誰にも気持ちを分かってもらえない』と、ずっと寂しい思いを抱えていたんだ。寝込んでばかりいたから、家族の中で価値がない、とそう思っていたのだ。そこから始まっていたのか。あの夢はそのメッセージだったのかもしれない）

ここまで自分と真剣に対峙して、石田の体は風邪をひいた時のように熱を帯びていた。思わず座っている席のテーブルに突っ伏してしまうほど疲れていた。

「洋兄、大丈夫?!」

恵子さんが石田に声を掛ける。

「はい。かなり疲れましたが、たぶん大丈夫です」

石田は体を起こして、返事をした。

「少し休む？」

恵子さんは石田に尋ねた。

「いや、なんていうか、やっと自分につかえていたものがわかったんです。もう少し考えてみれば、自分が求めていたことが、わかりそうな気がするんです」

「そう。それなら無理しないように、ね。体調がすぐれなかったら、すぐ声を掛けて」

恵子さんは笑顔でふんわりと石田から離れた。

石田は再びテーブルに突っ伏して、ここまで内省したことを振り返っていた。そして、起き上がると、目をつぶり瞑想のようなことを始めた。自分のこれまでを受け入れるために、そうしてみようと思ったのだ。

(内省しここまで掘り下げてきたことが、果たしてどうやって「自分の人生をどう生きたいか」ということに繋がるのだろう?)

それは答えが出そうで、なかなか出てこない。今回の石田の心の旅はまだ終わりではなかった。

ワークの最終日。内省がとりあえず無事に出来たことで肩の荷が下りた石田は、一つ目的が達成できて安堵していた。

しかし、内省で見えたことの受け入れまでは完了したが、肝心のテーマの答えがまだだ。石田はこれまで書き綴った、自分の心の声を読み返してみた。

(俺はいったい、どう生きたいのだろう？　この中にヒントが隠されているはずなんだが……)

何度も読み返してみるが、ピンと来る言葉はなかなか見当たらない。

「どう生きたい」にフォーカスするからわからないのか、とそこから離れて考えてみる。すると、「孤独」や「誰もわかってくれない」というワードが目に再び入ってきた。

「俺は今でも子供の頃に感じていた孤独を引きずっているのか？　誰かと自分の気持ちを分かち合えたら幸せなんだろうか？」

気持ちを分かち合えたら嬉しい存在って誰だろう？　と石田は、腕組みをして考えてみた。すると、『仲間』という言葉が脳裏に浮かんだ。

「仲間？　友達と仲間は違うものなのか？　仲間の存在っていったいなんだろう？」

ぶつぶつと呟きながら、再び思いつくまま書き出したキーワードとなる単語を目で追うが、ひらめきは得られない。

だが、この日から『仲間』という言葉が心にずっと引っかかるようになった。

新たな目標

統合ワークが終わり、いつものように出社すると、石田は丸山から不在の間の報告を受けた。報告を聞き終えた石田は、丸山をはじめ社員たちに心から感謝していた。

丸山をはじめ、他の社員たちも石田の不在を不満に思っている様子はなさそうだ。これまでもこのような合宿や研修に参加して来て、会社を何日も空けたとしても何とも思わなかったのだが、今回はこれまでとは違って、石田には深い感謝の気持ちが芽生えていた。

石田はそんな彼らに感謝を態度で示そうと、埋め合わせをするかのように、これまで以上に仕事を精一杯こなして行く。日常に戻った石田を怒涛の日々が待っていた。仕事が過密スケジュールで、へとへとになることもあったが、不思議と気持ちは充実していた。こうして毎日が目まぐるしく駆け抜けて行き、気がつけば、あっという間に新しい年を迎えてしまった。

石田は新年を迎え、今年の計画をどうしようかと思案していた。

そういえば……と夏に行われるカナディアンロッキー研修のことを思い出し、案内のパンフレットを眺めてみた。前回、カナディアンロッキー研修に参加した時に感じた、人の手が入らない雄大な自然の美しさに魅了されたことを思い出す。

だが、研修期間中に熱を出して体調が悪くなり、苦しい中で人の手を借りながらの参加となり、迷惑をかけた苦い経験をした。

今回はしっかり自分の力で歩みたい、という思いが湧いて、それを今年の目標にしよう、と再び参加することを決めた。

（カナダに行くまでまだ時間は十分ある。前回のようにならないためにも体力をつけないといけないいな）

石田は夏の研修に向けてどんな準備を始めようか、とてもワクワクしながら考えていた。

第8章 カナディアンロッキーの奇跡

乗り越えなければならないもの

八月某日。石田は勉強会に参加している有志たちと、カナダのアルバータ州にあるキャンモアという小さな町に到着した。

ここは観光の中心地ではないが、ロッキーのゲートタウンのひとつで、バンフ国立公園の南端に位置し、湖や小川が身近にあって、雄大な山々に囲まれている。観光地ならではの喧騒が少ない静かな町である。

この町では二〇〇〇メートル級の三つの山が、まるで仲のいい姉妹が並んでいるように見えることから、「スリーシスターズ」と呼ばれ、町のシンボルになっている。

二度目のカナダ研修だが、日本では見られないような美しい自然の姿を再び目にすることが出来て、今回も来てよかった、と石田は感動していた。

「洋兄、カナダは何度来てもいいね！　本当に素晴らしい景色だ」

山崎文栄堂の山崎社長が石田の隣に来て、ニコニコしながら声を掛けてきた。

「心からそう思います。僕も感動していました」

今回の研修は、この勉強会に石田を誘ってくれた山崎社長も一緒に参加していた。他にも、勉強会で顔を合わせている知った顔も多かった。

日本からの長いフライトと、ここまでの移動時間に約半日かかっているので、体は疲労感を感じていた。チェックインしたホテルは、旅の疲れを癒やしてくれるような高級感のある場所だった。いつもながら恵子さんは、学ぶために素晴らしい環境を用意してくれる、と石田は感謝した。

今回の研修はキャンモアを起点とし、アルバータ州からコロンビア州へと北上して行くのだが、一気に高い山を目指すことはなく、毎日山を登りながら体を高度順応させるプログラムになっている。

石田は明日から始まるプログラムに胸を高鳴らせていた。殊の外楽しみにしているのは、合宿の前半に体験するマウントテンプルの登頂である。

マウントテンプルは標高三五四四メートルと、レイクルイーズ周辺の山頂の中では一番天空に近い。その頂上からはロッキー山脈がぐるりと一望出来るそうだ。

そんなマウントテンプルの登頂は、自分自身の想像と制限の外側へ行くことを、身体で学び体験することができる、と聞いていた。レイクルイーズエリアで一番高い山にチャレンジすることによって、どんな自分に出会えるのか、やり遂げた後にどんな景色が待っているのか、そんな期待に胸が膨らんでいた。

ロッキー山脈の雄大な景観。碧く輝く美しい湖面には、白銀の雄大な山々と深緑の針葉樹林が、まるで大きな鏡面に映し出されているようで、一枚の美しい油絵さながらだ。自然が作り上げた造形美を、いつまでも目に焼き付けていたくなる。


マウントテンプルに登頂する前に、ロープトレーニングを行う。そのプログラムの中でロッククライミングを石田は初めて体験した。太古から隆起した山々とエメラルドグリーンに輝く湖をバックに立つと、眼前には切り立った高い岩壁が聳える。見上げた先には抜けるような青い空が見えた。石田は身震いするような高さに我が目を疑った。

(嘘だろ？　こんなに高い岩壁を登るなんて、出来るわけがないよ)

石田が臆する気持ちで見ていると、既に登り始めた参加者は「高いなー」とか「怖いよー」という声をあげつつも、どんどん上へと進んで行く。みんな何だかんだ言っても進んでいる

人生の気づきを得たロッククライミング

ようだ。中には登る途中に後ろを振り向いて、そこから見える景色に思わず「絶景だー」と叫ぶ者もいた。

そんな様子を下から見上げていると、意外と簡単に出来るものなのかな、と思ってしまう。心にちょっと余裕をみせたら、とうとう石田に順番が回って来た。いざ岩壁を目の前にすると、やっぱり高さに対して怖さを感じる。だが、チャレンジだ、と腹を決めて登り始めた。

命綱のみで上を目指すのだが、足を踏み外したらどうなるのだろう、という恐怖心がある。だが始めてみれば、ここを掴んで、ここに足を掛けて、と進んで行く道のようなものが見えて来る。石田はいつの間にか、童心に戻ったようにロッククライミングを楽しんでいた。夢中で登っていると、恐怖心はいつの間にか消えていた。

終わってみれば一つやり遂げた思いで、気持ちが高揚していた。登り始める前の不安が嘘みたいに思えた。

(やってみると、意外と道が拓けてくるものだな。まるで、人生や仕事のようだ)

石田はロッククライミングの体験を通し、新たな人生観の気づきを得ることが出来た。

この日は日頃使わないような筋肉を使ったので、体は筋肉痛によるだるさを感じる。

だが、いよいよマウントテンプルの登頂が迫る。出発は翌日の朝の四時だ。


翌朝、目が覚めると石田は体の異変を感じていた。昨夜からのだるさに加え、体に微熱があるように思えた。早めに就寝し体調を整えるつもりだったのに、寝ればよくなるだろうと思っていた体調は、石田の意思に反するようにあまり思わしくない。

(何だよ、また前回と一緒かよ)

石田は、せっかくこの日のために準備してきたのに、またしても体調の悪さに見舞われた自分の体を恨んだ。だが、行けるところまで行ってみたい、という思いが強く、体を動かして汗をかくうちに、段々とよくなるかもしれないという淡い期待を持って、登頂の準備を始めた。

山は寒暖の差が激しいので、重ね着は必須だ。用意したザックを背負うと、体調が思わしくないせいか、ずしっと重みを感じる。

こんな調子で山頂まで歩けるのか、といささか体調の不安を抱えつつ、まだ明ける前の暗い中をみんなと一緒にマウントテンプルを目指して出発した。

マウントテンプルの登頂は、今回の研修の中で一番過酷なプログラムということは頭にあった。カナディアンロッキーの中では十番目に高い山で、登頂は日帰りだが、十時間以上の時間を要する。石田は、不安に思うことがあった。それは過去に富士山登頂をした際に、高山病を経験していた。その際に起こった頭痛が起きないことを祈っていた。

(頭が痛くならなければいいな)

そんな不安を抱えながら、一歩一歩足を進めていた。どれくらい歩いてきたのだろうか。薄紫色の空が少しずつ明るくなり始めた。太陽が出始めると辺りの山の頂が黄金色に見えた。その美しい光景は、石田に暫し元気を与えてくれた。

時折挟む休憩が石田にとって有難かったが、みんなと会話を楽しむ余裕はなかった。とにかく消耗する体力を少しでも回復させなければ遅れを取ってしまう、とそればかりが気掛りであった。

進むにつれ、岩がゴロゴロと転がっている山道に変化して行った。とても歩きづらい。足元に気をつけながら懸命について行く。山道のアップダウンが足腰に応える。おまけに昨日体験したような、岩壁を登ることもあった。普段、体力には自信がある石田だが、さすがに今は辛い。行けども続く山道を懸命について行くが、歩む速度も徐々に遅くなってきた。少しずつ石田の前を歩く列との間隔が離れ始めた。

追いつこうとするが、体が言うことをきいてくれない。

（これ以上離されたら追いつけないかもしれない。ああ、休憩まであとどのくらいだ？）

疲労の色が強くなってきた石田の様子に気がついたのか、後方を歩く人から声を掛けられた。

「洋兄、どうした？　大丈夫か？」

「ああ。なんとか……」

やっとの思いで石田は答える。

「疲れたかい？　まだ歩けるか？　少し休もうか？」

「いや、大丈夫だ。次の休憩までこのまま行けると思う。ペースが遅かったら、先に行ってもらってもいいよ」

「そうはいかないよ。一緒に登って行こう。途中で休んでもいいからさ。絶対に無理するなよ」

石田は、その一言に頷いた。この調子だと、今回も登頂するのは難しいかもしれない、そんな不安が石田の頭をよぎった。

道中、石田は励ましの言葉を掛けてもらいながら、みんなが待つ休憩エリアに漸く辿り着いた。先に到着していたみんなは、心配しながら待っていてくれた。

石田は掛けていたサングラスを外し、息を切らしながら、よたよたと歩く。石田の疲れ切った様子に、脱水症状を心配し水分補給を勧めてくれる者もいた。そんな声に応える余裕もなく、肩を大きく揺らしながら歩く石田は、座れる場所を見つけると顔をしかめながらその場に膝をつき、四つん這いになった。そこは岩がゴロゴロしているが、そんなことは気にしていられない。

やっとの思いで腰を下ろし、疲れ果てた体を岩壁に預けた。預けた体はまるで全身の力が抜けていくようだ。体を投げ出すように座る。荒い呼吸を整えようと水分を口にした。目もチカチカし始めて開けていられないので、瞼を閉じた。

必死の思いでここまで辿り着いたが、石田の体は異変のシグナルを発していた。頭がまるで脈でも打つようにズキンズキンと痛む。体が鉛のように重い。額にも汗がどっと噴き出してきた。気を抜くと意識が遠のき倒れてしまいそうだ。

(ああ、ここが限界なのか。いや、まだ大丈夫。きっと行けるはずだ。出発するまでに体力は回復する)

石田は普段から体力に自信があるだけに、まだ行けるという自信を持っていた。だが、一息つけば再び歩けると思っていた体は、気持ちに反して思うように動いてはくれない。

（こんなところに置いて行かれるわけにはいかないんだよ。俺は今までどんなことでも乗り越えて来たじゃないか。ここでダメな奴なんて思われたくない！　何としてもついて行くんだ）

喘ぎながら心の中で自分の体を叱咤激励する。そんな石田の肩に、そっと手を置く人がいた。閉じていた目をうっすらと開け、顔を向けると恵子さんがいつの間にか傍にいた。まったく気がつかなかった。

「洋兄、大丈夫？」

「……恵子、さん……」

石田は声を絞り出しながら、応えた。

「顔色が悪いわよ。もうこれ以上は無理をしてはいけない。残念だけど今回はここでリタイアすべきだわ」

思い掛けない言葉を掛けられた石田は、冗談じゃない、と反論しようとするが言葉が出ない。ズキンズキンと痛む頭痛に阻まれているようだ。

「ここまで頑張って来て、洋兄は悔しいかもしれない。その気持ちはよくわかるわ。でも、今回は断念した方がいい。リタイアは恥ずべきことじゃない。これも、きっと意味のあることだと思う」

言い含めるようにリタイアを促す恵子さんの言葉に、石田は……、俯いた。

石田は常々、恵子さんは自分の性格をよく理解してくれていると感じていた。おそらく、石田の気持ちを汲み取って掛けてくれた言葉であろう。石田がこのまま行く、と言ってもおそらく恵子さんは容認しないと思った。

たとえこれ以上登頂を続けたとしても、無理がたたって降りて来ることは出来ないかもしれない。そうなれば、みんなにもっと迷惑が掛かってしまう。恵子さんの言葉で冷静になった石田は、ここでリタイアすることを決めた。

恵子さんとのやり取りが聞こえたのか、石田の元に何名かやって来た。

「洋兄」

呼び掛けるその声に石田は顔を上げた。集まったメンバーの目は石田を心配そうに見つめている。石田は恵子さんに向かって頷いた。そして集まって来たメンバーに口を開いた。

「ごめん。一緒に登頂したかったけど、体力的に無理だ。ここでみんなを待つことにするよ」

石田は内心、とても悔しかった。だが、無理に笑顔を作ってそう告げた。

「わかった。迎えに来るから、それまで体を楽にして待っているんだぞ」

「洋兄の気持ちを持って、山頂まで行って来るから。心はひとつだ」

険しい道のりに挑む仲間を見送る

そう言って、握った拳をトントンと胸にぶつける者もいた。

「足はつったりしていないか?」

石田の足を心配して擦ってくれる者もいた。

それぞれから温かい言葉を掛けてもらったが、石田の思いは複雑であった。

「そろそろ出発しよう」

その声に、石田と共に残るガイドたち以外のメンバーは立ち上がった。

出発する一行の後姿を石田は頭痛と闘いながら、その場から見送った。

残る石田に「行って来る」とでも言うように高く拳を天に突き上げて出発する者もいた。石田も同じようにそれに応えるように手を挙げた。

(みんな、絶対に頂上まで行ってくれよ。俺の分まで……)

見送りながら、グッときた石田はそんな思いを一行の背中に託しながら、後姿が小さくなり見えなくなるまでずっと見送っていた。最後尾の姿が見えなくなると、残された石田の周りには静寂が残り、孤独の色が強くなった。

石田は鎮痛剤を飲み、その場に横たわりながら、目標だった登頂が成し遂げられなかった悔しさと情けなさを一人味わっていた。

(目標が叶わなかった。恵子さんにはあんな風に言われたけど、途中リタイアだぞ。なんて情けないんだ。それに意味なんてあるわけないよ。登山の度にこうなっては、準備不足のダメな奴だとみんなに思われているだろうな。それに自分の意思とは言え、置いて行かれるのがこんなに精神的にきついものと思わなかった。カナダなんて来るんじゃなかった。もう二度と来るものか)

自分ばかりが何故こんなにも惨めな思いをする、とぶつけどころのない惨めさと怒りが、止め処なくこみ上げてきた。すると悔しさからか、目から一筋の涙が不意にこぼれた。そんな嫌な感情を味わっていると、先ほど飲んだ薬が効いてきたのか、苦痛が和らいで体が軽くなってきた……。

目の前に一人の少年が現れた。

「やる気があればできるだろ？　なんで出来ないんだよ。努力が足りないんだよ。やる気はあるのか？　ホント、ダメな奴だな」

自分に対して怒っているようだ。

見ると、少年時代の自分だった。

口調は怒っているのだが、顔はとても苦しそうだ。

誰かに認めてもらうために、子供の頃からずっと人一倍頑張って来た。

出来ない奴はダメなんだ、そう信じていた。病気がちで学校のみんなと同じ事が出来ない自分を呪ってきた。健康を徐々に取りもどし、同じ事が出来るようになった自分が、自分の存在価値だと思った
昔から信念みたいにそう思っていた。

目の前の少年は、相変わらず自分の事を責め立てている。

「そんな怒らないでくれよ……」

思わずつぶやいた。

「俺頑張ったんだよ、でも仕方なかったんだ……」

すると突然、両親や友達、社員たちの顔が次々と浮かんできた。その顔は皆、悲しいような、寂し気な顔を浮かべていた。

第2話　株式会社ＩＳＨＩＤＡ

石田はそれに驚き、体が思わずがくんと反応した。慌てて体を起こし、目を覚ます際に大声を上げたのではないか、と辺りを慌てて見渡したが変わった様子はない。微睡んでいたのは大した時間ではなかったようだ。こぼれた涙はまだ乾いてはいなかった。

手で涙を拭い、今見た不思議な夢と、先ほど湧き上がった惨めな感情でささくれ立った気持ちを落ち着かせようと、その場に横たわり、どこまでも広がる青い空を流れる白い雲を眺めた。身を任せるように流れて行く雲の下に、悠々と翼を広げた一羽の鳥の姿を捉えた。その様をぼんやりと眺めていると、不思議と気持ちが落ち着いてきた。

体を起こし、眼前に広がる雄大な自然が作り出す、ありのままの風景を眺めてみた。全てがゆったりと堂々として見えて、自然の前で自分はちっぽけな存在に思えた。視線を下に向けると、ここまで歩いて来た山道がどこまでも続いているのが目に入って来た。

（こんなに長くて険しい道のりを歩いてここまで来たんだな……）

すると、ここまで頑張って登って来たんだ。それでいいじゃないか、と言われているように思えた。

出来ても出来なくても、俺は俺なんだよな、と石田は自分を受け入れるような、そんな境地になった。

これまで他人に出来ないと思われたら俺は、愛想を尽かされて友達も社員もいなくなる、

雄大なロッキーの山々を前に、自分自身に課していた制限が解放されていく

と信じて努力して頑張って来た。

だから、周りにもそれが当たり前とその考えを課してきた。

出来ない人間は努力の足りないダメな奴とレッテルを貼って来たけど、そうではなかったのかもしれない。

俺はこれまで自分が出来たから、言える立場だったのであって、出来なかったらどうなのだろうか？

やりたくても出来ないこともあるんじゃないのか。

今の俺はどうだ？

途中で登頂を諦めたダメな奴じゃないか。

そんな俺を一緒に登頂しているみんなは、誰ひとりとして見下してなんていなかった。逆に励ましてくれたじゃないか。労わってくれた

じゃないか。

俺だったら、間違いなくダメな奴とレッテルを貼っていただろうな。

人の価値は努力や能力だけじゃない。

出来るとか出来ないで決めつけてはいけないんだ。

出来ないという結果だけで判断された相手はどんな気持ちだったのだろう……。

石田はこの時、胸をグッと掴まれるような感覚を持った。初めて人の心の痛みを知ったように思えた。特にこれまで社内で関わった人々の顔を思い出すと、その時の会話や、やり取りが記憶の引き出しから飛び出してきた。石田はいたたまれない気持ちになり、心の中で一人ひとりに詫びた。

すると、さっき恵子さんに言われた「これも意味のあること」という言葉を石田は思い出した。

「意味のあることかぁ」

目を閉じ、先ほどのみんなが出発する前の一連の出来事を振り返っていた。そして、閃くと同時に目を開いた。

「ああ、そうか。さっきはリタイアに意味なんてない、なんて思ったけど、登頂の度に体調不良に見舞われたのは、これまでの考えが間違っていることに気づかせるための必要な体験だったのかもしれないな」

石田は、自分に言い聞かせるように呟いた。すると少し先の岩場から、ちょろちょろと小さな動物が現れた。動きを止めて石田を伺うようにじっと見つめている。目が合った石田は、思わず話しかけた。

「お前もそう思うかい？」

小動物は石田に声を掛けられて、すぐさまどこかへ消えてしまった。石田はそれを見て微笑んだ。

自分自身に課していた制限を解放出来た瞬間だった……。

どれだけの時間が経過したのだろう。

待っている時間は長いようにも短いようにも感じた。

体はまだ重く、だるさはあるものの、ここに辿り着いた時よりはましに思えた。

心の中は清々しく、元気を取り戻した途端に人恋しくなった。早くみんなの顔が見たい。

そう思っていると、微かに声がしたような気がした。

気のせいか、と思っていると、今度は石田を呼ぶ声が確かに耳に届いた。

「おーい」

「洋兄、お待たせー」

声の方向に体を向けると、上から手を振りながら下山して来る小さな一行の姿が目に入って来た。石田は嬉しくて、迎えるように懸命に笑顔で手を振った。

「洋兄、寒くないか？　体調はどうだい？」

「待たせてごめんよ」

「これは重いから僕が持つよ」

「これを食べて、少しでも元気になって」

「洋兄、手を貸すよ。立ち上がれるかい？」

補給食を分けてくれたり、荷物を持ってくれたり、みんなも頂上まで行って戻って来て疲れているというのに、石田を思いやる気持ちがひしひしと伝わって来た。

そこから下山は、ゆっくりと石田のペースに合わせて山道を下るため、時間は掛かったが、幸いこの時期のカナダは日が長く、まだ十分な明るさだった。

この時の石田はもう、人の手を借りる俺はダメな奴、という感情はなかった。人の厚意を受け取ってもいい、と素直に受け入れていた。

疲れ果てた石田は宿泊先のロッジで、泥のように眠った。

石田の長い一日が終わった。

思いがけない大きなギフト

そして翌日、石田に思いがけないもうひとつの大きなギフトが用意されていた。

登頂の翌日は、朝から前日のマウントテンプルの登頂が無事に成し遂げられたことを報告し合うことになっていた。

今頃、喜びのミーティングをみんなが行っているはずだ。

石田だけがマウントテンプルの頂上に辿り着けなかった。昨日は登れなかった自分を許せたが、一晩経って冷静になるとなんだかバツが悪くて、体調が回復していないことを理由に、ミーティングを欠席すると伝えていた。出席したとしても、石田はどんな顔をしてその場にいればいいのかわからなく、その時間が終わるまでベッドの中で過ごすことにした。

「あーあ、どうしろって言うんだ……」

そう呟きながら天井を眺めていると、廊下の方から何やらガヤガヤと賑やかな声が聞こえて来た。「静かにしないと聞こえるよ」とか「しー」と言う声を最後に、石田の部屋の前で動きが止まったようだ。

いったい何事だ、と怪しんでいると部屋のドアをノックする音が聞こえた。

（え？　誰だよ）

まだミーティング中のはずだよな、と訝しみながらベッドから抜け出し、ドアをそっと開けた。するとドアが開いて、昨日一緒に登頂したメンバーが石田の部屋にどっとなだれ込んできた。

「うわっ」

石田は目を丸くしながら、びっくりして声を上げた。驚きのあまり思わず後ずさりした。部屋に入ってきた全員が笑顔で石田に向かって口々に言った。

「洋兄、迎えに来たよ！」

石田はこの状況を飲み込めないでいた。

「やっぱり、洋兄がいないとミーティングやっても意味ないでしょ」

山崎社長がそう言って、石田の腕を摑んで歩き出した。あっという間に部屋から連れ出され、みんなに周囲を囲まれてしまった。抵抗する隙もない。もはや逃げ出すことも出来ず、観念した石田はそのままミーティングの会場に連れて行かれた。その部屋では恵子さんが待っていた。

「洋兄、おはよう。みんな、待っていたのよ。さ、こっちへ来て。洋兄がみんなに話をする番だから」

石田は恵子さんにサボっていたのを見透かされているようでバツが悪い、と思いながらも、促されておずおずとみんなの前に出た。全員が着席し、石田をあらためて拍手で迎えてくれた。

(何をみんなの前で話せばいいんだろう。なんの準備もしていないのに。昨日感じたことをどうまとめて話そう……)

石田が困って言葉を発せず、もじもじしていると、恵子さんが石田に向かって口を開いた。

「洋兄あのね。実はみんながね、この場に洋兄にいて欲しい、迎えに行こうって自主的に部屋まで迎えに行ったのよ。仲間がこの場に揃っていないのはおかしいってね」

石田は恵子さんの言葉に、はっとしてその場にいる全員の顔を見渡した。

みんなが笑顔で石田がこの場に来てくれてよかった、という顔をしていた。温かい波動がそこから伝わってきた。

それを目にしたら、思わず感情が爆発して涙が溢れ出た。

石田はこの時初めて、自分に居場所があることを悟った。

（恵子さんは今、「仲間」って言ったよな？　これまで勉強会でもどうしていいのか分からずに、俺はみんなと心の距離を作って来た。そんな俺に、みんなは仲間って思ってくれていたのか……）

仲間の存在に気づいて涙が止まらない石田は、思い切って素直な気持ちを言葉にした。

「みんな、……ありが、とう。……昨日は俺だけ、最後まで……。頂上まで、行けなくて。みんなに、たくさん迷惑かけてしまったから……」

溢れる涙が止まらず、話す言葉も途切れ途切れだった。それでも懸命に言葉を絞り出した。

（いい大人がまるで子供みたいじゃないか）

こんなみっともない姿は格好悪い、石田は内心そう思っても、溢れ出る涙を止めることは出来なかった。人前でこんなにボロボロと泣くのは初めてであった。

それでも、話に耳を傾けてくれるみんなは、こんな自分を受け入れてくれている。そんな温かい雰囲気が石田に伝わって来た。石田はこの研修で初めて、仲間という存在が何であるかを理解した。

（みんなは初めから仲間と認めてくれていたのに、俺はいったいどこを見ていたのだろう。

この場に迎え入れてくれて、温かい居場所を作ってくれたことに感謝しかない）

涙ながらにそんな気持ちを正直に言葉で伝えると、石田の周りにみんなが集まってきた。

中には石田にもらい泣きしている者もいた。

「洋兄、洋兄！」

洋兄コールと共に、大きな拍手が起こった。

「あ、洋兄、鼻水がずるずると出ているぞ。これで拭きなよ」

「ホントだ！」

慌てて盛大に鼻をかむ石田に、みんながどっと笑った。石田も泣き顔に笑顔だった。

石田は、こんなにみっともなく恥ずかしい自分を曝け出しても、受け入れてくれる仲間の存在の有難さと安心感をこの時、生涯で初めて味わった。

昨日見たロッキーの自然が泰然と、そこにいつもあるのと同じように、学びの場にも仕事の場にも仲間は既に自分の傍にあるのに、石田はそれがわからなかった。内省内観の合宿で心に引っかかっていた『仲間』に対する答えは、いつまでも石田が気づかなかったから、ここに答えが用意されたのだと思えた。

（この勉強会を山崎社長に紹介してもらえなければ、俺はどうなっていたのだろう。会社を手放し、別な人生を歩んでいたか？　でもここで学ばなければ、俺はいつまでも自分の物差

笑顔いっぱいの仲間に囲まれたミーティング風景

しで人を判断し、人並み以上に出来なければ存在価値なんてない、という固定概念に縛られて生きていただろう。大切なことをずっと見落としたまま、孤独で不安な日々が続いていたかもしれない。そして今回カナダに来なければ、求めていた答えに辿り着くことは出来なかった）

石田は長い間苦しんできた「孤独と不安」という呪縛からここで漸く解き放たれた。信頼で結びついている仲間と共にこうしていられることが、心地よかった。

（今回のマウントテンプルの登頂は、確かに年初に立てた目標を成し遂げられなかったが、それは問題じゃない。仲間の存在に気づくために必要な体験をしたのだ）

カナダの大自然を通して、大切な仲間の存在を教えてもらった奇跡的な体験。石田にとって、自分が新たに生まれ変わったように思える貴重な体験であった。

第9章　孤独を手放しわかったこと

自分の体験を社員の前で曝け出す

石田はカナディアンロッキー研修を終えて川口に戻った。

一週間以上も会社を空けていたので、仕事が溜まっていると思い、石田はいつもより早く会社に向かった。

かつて経験がないほどに、出社するのが楽しみだった。

カナディアンロッキーでの体験が自分を変えてくれた。「仲間」そんな言葉が、心に熱く浮かんでいた。

かなり早めに出て来たのだが、事務所には既に誰か出ているようだ。

（随分と早いな。誰だろう？）

「おはよう」

そう言って事務所に入る石田よりも先に来ていたのは、丸山だった。

「あ、社長。おはようございます。そして、お帰りなさい」

昨日石田が帰国したことを知っていた丸山は、こんなに早くから笑顔で待っていてくれた。

「ただいま」

石田は丸山の顔を見て温かい気持ちになった。

「カナダは如何でしたか？」

席に着く石田に向かって、丸山は訊ねた。

石田は仕事に取り掛かる前に、丸山に簡単にカナダでの、あの大きな気付きを話した。

その後は、丸山から石田が不在の間の報告を受けた。報告を受けながら石田は、いつも自分が不在の間は、丸山が上手く立ち回ってくれるので、こうして安心して会社を空けられるのだ、と気がつき改めて感謝した。

「そういえば、みんなにお土産を買って来たのを忘れていたよ」

石田は思い出して、買って来たお土産が入った紙袋を丸山に渡した。少し照れくさかった。

「有難うございます。みんなも喜ぶと思います」

石田の変化に気付いている丸山は、微笑んで受け取った。あえて深くはなにも言わなかった。そんな丸山と本当に心の繋がりを感じた。

石田は、社員たちにもカナダでの体験を伝えたくなった。

「みんなに伝えたいことがあるんだ。後で全員、集めてくれないか。そうだな、昼休みにみんなで昼ご飯を食べながら話をしようか」

「わかりました」

丸山の顔がちょっと驚いている。「社員と一緒に昼食」、昔の石田の辞書には無い言葉だった。石田も今の自分に驚いていた。

社員が一人、また一人出社して来た。

「おはようございます。あ、社長。お帰りなさい」

「おう！　おはよう」

久し振りに社員一人一人の元気な顔を見て、石田は相好を崩した。

この日、石田は社員たちと昼食を共にしながら、カナダでの出来事を話した。

マウントテンプルに登頂できずに途中リタイアして悔しかったこと、そこで気がついたこと、仲間の存在。自分が感じたことを在りのまま言葉にした。

社員たちは黙って話を聞いていた。

既に聞いている丸山だけは穏やかな笑みを浮かべ、この様子を見守っていてくれているかのようだった。

「今回の体験を通して、自分自身を改めなければならないことが分かったんだ。これまで、人を出来るとか出来ないという目で判断してきた。みんなに嫌なことを沢山言ってきたかもしれない。とても反省しているよ。それから、出来ないことは恥ずかしいことじゃない、と身に染みて体感したんだ。俺も出来ないことは出来る人に素直に聞くから、その時は教えてくれよ」

石田は自分が変わったことをこの場で宣言した。

「社長がそんな体験をして来たとは思わなかったな」

誰かが独り言のように呟くのが聞こえた。

「俺もみんなの前で、こんな話をする日が来ると思わなかったよ」

石田は笑った。

体験を伝えたことで気持ちが軽くなり、みんなに話をしてよかったと思った。

石田はこの場にいる社員たちの雰囲気が丸くなったように感じた。

一人一人の顔を見渡して行くと、ある社員に目が留まった。

「おい、森山。なんだ、髪が伸びているじゃないか。そんなぼさぼさの髪じゃ客先に行けないだろ。食事が終わったら髪を切って来いよ」

石田は、森山と言うドライバーにそう言ってカット代を渡そうとした。

「社長、大丈夫です。ちょっと行ってきます」

そう言って、そそくさと事務所を出た森山は、三十分ほどで戻って来た。

「戻りました」

森山は前髪を気にしながら、引っ張っている。

「おお、スッキリしたじゃないか。あれ、どうした？　前髪を短くされておかしくなったのか？」

石田はその様子が気になって訊ねると、森山をよくよく見て大爆笑した。会社で社員とのやり取りで大笑いしたのは、初めてだったかもしれない。

「森山、どうしたんだ。その眉毛は？」

石田が笑いながら森山に話を聞くと、散髪されてスッキリと髪が整ったら、今度は眉毛が気になったので自分で眉の手入れをしたら、どんどん短くなって半分になってしまったそうだ。

石田の笑い声に近くにいた社員が集まって来た。

そして、一緒に大笑いした。

「そうか。身だしなみを自分なりに整えようと思って失敗したんだな」

石田は森山の失敗が可愛く思えた。昔だったら、そんな森山を見ただけで無性に腹が立っていたに違いない。

その中にいた一人の社員がおもむろに携帯電話を取り出して、面白がって森山を撮る素振りを見せた。

「おいおい、森山も気にしているんだから、やめておけよ」

度が過ぎた冗談は良くないと石田はそれを制したのだが、その様子を見てあることを思いついた。

「そうだ。もし客先を訪問して気がついたことがあれば教えてくれないか。画像を俺の携帯に送ってくれてもいいぞ」

石田にしてみれば、何気なく口から出た言葉だったのだが、その場が一瞬ポカンとした。

「社長、例えばどんなことですか？」

石田はその質問に、言葉足らずなものの言い方をしてしまった、と反省した。

「そうだな、我が社にも取り入れたらいいと思うことだな。例えば事務所に花を飾ったら、みんな和むんじゃないか？」

石田が笑顔でそう答えると、意外な答えだったのかその場にいる者がどっと笑った。

これは石田にとって大きな一歩だ。そして肩肘張らずにこうして社員たちと談笑している自分が、真の自分であると気がついた。もう、カテゴリー別に隔てた人付き合いをすることはない。石田が体験談で自分を曝け出したことをきっかけに、社員たちとの心の距離も縮まり、会社の雰囲気もどんどん明るくなっていった。

心が変わり、生きる世界が変わった現在……

それからの石田は、会社に魂を込めるように様々なことに着手していった。

会社の向かいが公園なので、そこで遊ぶ子供たちが楽しい気持ちになるように、と社員たちと相談して、シマウマを描いたクレーンを導入することにした。

事務所の入口にも花を植えるようになった。これも、来て頂いたお客様に少しでも和んで貰いたいという気持ちから生まれたものだ。

一人では無理と思うことも、社員たちと知恵を出し合って形にする。それが信頼に繋がって行った。

石田が社員一人一人を大切にするようになってから、社員たちもお客様に対する心遣いが

シマウマを描いたクレーンは近隣の子供たちにも大人気となった

変わっていった。それぞれがお客様のことを思って行動するようになったのだ。

更に学び続け現在のＩＳＨＩＤＡは、客先に対して営業をしていない。それでも毎月、客先からの紹介で新規五十社もの仕事がコンスタントに入って来るようになった。恵子さんから仲間との絆が深まれば深まるほど、人生が楽しくなればなるほど、応援の風が吹く、つまりお客様に選ばれる会社になると言われていたが、それがまさに真実となった。この奇蹟はまたの機会にお話することになるだろう。

石田は孤独と不安の日々から解放された。日々過ごす中で起こる目の前の事象は、自分の心が創り出しているものだった。カナダの体験や勉強会で学ぶことによって分かったことだ。

信頼でつながるチーム ISHIDA

総ては自分の心の在り様なのだ。
これからも、きっと困難はあるだろう。
でも、もう一人じゃない。
石田は心強い「仲間」たちと共に乗り越えられる。

エピローグ

私は本当に運がいいと思います。

もしワールドユーアカデミーとの出会いや、ヒーローズクラブの仲間に出会わなければ、どんな人生を今歩んでいたのか想像もしたくありません。

幼少期から小さい自分なりに必死に考えたこと、病弱で自分自身を納得させるために思い込んできたことが、以前の私を作り上げてきました。

「自分は孤独」というフレームで物事を見ていたので、すべての記憶がそこからみた人生でした。

沢山の回り道をしたけれど、今ではそれも自分の人生として、かけがえのない大切なものだと思っています。

人と関わりを持つことを避け、一人で強がって生きてきましたが、そんな中でも「いつか自分にも大切な仲間が出来るかもしれない」と心の何処かで思っていたのかもしれません。

「私は会社を売りたい」と考えてきましたが、本当はそうではなかったことにワールドユーアカデミーでの講義や学び、大自然での体験が気づかせてくれました。

廃棄物を扱う仕事をコンプレックスに思っていたことも同じです。

上手くいかないことをすべて他人のせいにしていたのです。

そんないろいろなことに自分で制限をかけて、たくさんの鎧をまとっていました。

それをすべて脱ぎ去って、本当の自分にさせてくれたのがカナダでの体験でした。

大きな挫折から自分自身の考え方をシフトすることが出来ましたが、今本当に思うのはすべての事に意味があるという事です。


自分には今、背中を預けられる仲間が沢山います。

「日本を元気に！」と同じ志のもとに集まった仲間がたくさんいます。

ヒーローズクラブの仲間や社員。そんな仲間がいてくれるだけですべてが変わりました。

一人で出来ることでも仲間と一緒の方が絶対に楽しい！

一人で悩むより相談できる仲間がいる方が楽しい！

今「私はこうでなきゃいけない」と思うより「どうすればワクワクするか？」を大切にしています。

昔は考えもしなかった社会貢献にも積極的に楽しんで取り組んでいます。

自分の経験を話す講演会活動や YouTube などの情報発信も行っています。

嫌でしかたなかった廃棄物処理の仕事が、自分にしかできない最高に自分を表現出来る場所になりました。

先日こんなことがありました。

私が不在の時に、ヒーローズクラブの経営者と幹部の方々が、うちの会社に訪問してくれました。

その時にうちの社員が、今取り組んでいる活動の相談をしたようです。

すると、忙しいその社長が「今から一緒に行ってやり方を教えてあげるよ」と一緒に取引先に訪問してくれました。

そのことを社員は、大喜びで興奮気味に話してくれました。

自分の会社の事でもないのに困っていたら手を差し伸べてくれる仲間がたくさんいる事に感謝しかありません。

みんなで助け合い、世界的に見て中小企業が多い日本で、その中小企業から日本を元気にしていこう！　と本気で活動しています。

この本を読んでくださっている方々で、昔の私と同じような方がいらしたら、是非一度ヒーローズクラブの活動を見学に来てみてください。

そこには沢山の、また私と違った経験体験をして乗り越えた方がたくさんいます。

これからの時代、大切なのは仲間との繋がりだと思います。

競争、売り上げ重視の時代は終わりました。

仕事は辛いもの、毎日毎日頑張って頑張って自分を犠牲にして働かなければならないのは昔の話です。

これからは仲間と楽しみながら、自分らしさを大切に社会貢献をして、お客様と周りの方々に喜ばれ、感謝されて喜びの循環をして、事業も成功する時代だと思います。

人は誰でも誰かの役に立ちたいし、感謝されたいと思っていると思います。

そんな喜びに溢れた世界をつくることが、日本の復興でもあると思っています。

日本人の誇りというものは戦後失われてきました。

日本の歴史を知らない日本人。私もそうですが今ヒーローズクラブでは日本についても勉強しています。

和太鼓やダンスを通して「日本を元気に楽しさを響かそう！」と活動しています。昨年十二月にはグランドプリンス新高輪にて「ヒーローズジャパン愛と光の感謝祭」を開催させていただきました。

和太鼓は日本の伝統的な受け継がれてきた文化です。それを日本だけではなく世界中に伝えようと海外公演も行う予定です。

今までの自分では想像すらしなかった人生を今生きています。

最近の新型コロナウイルスの世界的な流行で、大変な思いをされている方もたくさんいらっしゃると思いますが、このことにもたくさんの意味があると思います。

様々な情報に溢れた時代に、自ら学び自分の意見をしっかり持つことが、本当に重要です。

私たちの役目は素晴らしい日本の歴史を繋いでいくこと。

未来の希望である子供たちが、早く大人になりたいと思うような世界を創ることです。

今私の会社では会社を改装してカフェを作ろうと計画しています。そこは子供から大人まで様々な人が気軽に立ち寄れ、廃棄物についての学べるスペースや廃材を利用したワークショップ、私たちのヒーローズクラブの活動、日本についてなどを伝える場所で子供たちの笑顔に溢れた場所にしたいと考えています。

オープンした際には是非いつでも会いに来てください！

一緒に沢山の体験をして、学び会える仲間が沢山増える事を願っています。

私たちの体験を通して、少しでも皆さんのお役に立てる事を願っています。
皆さんにお会いできる事を楽しみにしています。

二〇二一年　株式会社ＩＳＨＩＤＡ
代表取締役　石田洋平

おわりに

私たちが征服するのは山ではなく私たち自身だ　～エドモンドヒラリー～

いかがでしたか、カナディアンロッキーの奇跡。大いなる自然のエネルギーの中で自分と向き合い、新しいステージに飛躍した二人の物語でした。

山と向き合い、それを登る時、実は私たちは山と同時に、自分の心と対峙しているのです。都会の日常生活では考えられないような純度で、自分の心と向き合うのです。

夜明け前から山頂を目指し、もっとも新鮮な空気が満ちる夜明け、深い原生林の浄化の力、古代の叡智に触れます。

冷たく澄み切った山中で、お湯を沸かしてコーヒーを飲む。体のどこを温かさが流れていくのか、しっかりわかります。これが私の体なんだと自覚します。

食糧もテントも、生きる為に必要なものが全てを背中に背負って歩く。自分は一体何なのか、自分にとって本当に必要なものは何なのか？　大切な気づきを感じます。

思考が澄み渡り、心と身体が浄化された最高の状態で自分の現在、過去、さらには未来へとビジョンを広げます。

そして、クオンタム・ジャンプが起きるのです。

量子力学でお馴染みの、量子がある一定のエネルギーを蓄えると、ポンと次元を飛び越えて別の物質に変わっていくというあれです。

それがあなたの中でも起きるのです。

一瞬にして思考の次元が変わります。今まで地面を這い回って悩み苦しんでいたのが、一気に空に飛び上がるような感覚です。

これにはみんな驚きますが、事実気づきの変化は一瞬で起きるのです。

今までの当たり前が、当たり前ではないのです。抽象度の高いフレームを手に入れれば、すべては愛と感謝を持ってつつみ込めるのです……。


少し話が難しくなってしまいましたね。

でもこれは、本当にカナディアンロッキーの頂に立って体験できることで、文章だけで理解できるものではないかもしれませんね。

いつかあなたと一緒に、マウントテンプルにアタックできる日を楽しみにしています。

私たちは大自然から学びます。そもそも私たちは、地球に生かされているのですから。

「HERO'S CLUB」主宰
株式会社ワールドユーアカデミー　仲村恵子

カナディアンロッキーの映像や、体験記などもたくさんありますので、「World U Academy/ヒーローズクラブ」のYouTubeチャンネルを見てみてくださいね。

YouTube チャンネル
QR コード

仲村　恵子 (Keiko Nakamura)

ビジョン経営コンサルタント
株式会社　World U Academy 代表取締役
ヒーローズクラブ主宰

22 歳で独立起業し業績を伸ばすも、いつのまにか数字を追いかけ続ける人生に疑問を持つ。世界中にメンターを探し、「人生と仕事の繁栄を実現する」為の「考え方をシフトする」独自のプログラムを開発。ビジョン経営コンサルタントとして、延べ 1 万人以上のトレーニングを担当。

研修しても根本的な解決は出来ないと言われるコンテンツ（人間関係とお金の問題）を、画期的な学習プロセスで安全に理解し、まるで奇蹟のようだと言われる結果を引き起こし、経営者・経営幹部・後継者・ご家族の問題を根本的に解決し、数々の実績を収める。

近年では日本人の根幹となる精神性の高さを復興する事に務め「地球で学ぶ。会社が魂の学校になる日」プロジェクトを始動。世界遺産屋久島やカナディアンロッキー・ヒマラヤ山脈・北極圏など地球をフィールドに質の高い体験を通して、社会に貢献し愛される魅力的な会社創りに邁進している。

World U Academy　https://world-u.com
ヒーローズクラブ　https://heroes.world-u.com

経営という冒険を楽しもう　2
カナディアンロッキーの奇跡

定価（本体1364円+税）

乱丁・落丁はお取り替えします。

2021年4月　9日初版第1刷印刷
2021年4月14日初版第1刷発行
著　者　　仲村恵子
発行者　　百瀬精一
発行所　　鳥影社 (www.choeisha.com)
〒160-0023　東京都新宿区西新宿3-5-12トーカン新宿7F
電話　03-5948-6470, FAX 0120-586-771
〒392-0012　長野県諏訪市四賀229-1（本社・編集室）
電話 0266-53-2903, FAX 0266-58-6771
印刷・製本　モリモト印刷

ISBN978-4-86265-880-7　C0095